Nino
Paola
Papa
Mama
Jonas
Opa
Polli

3-fach-Differenzierung
in der Jo-Jo Fibel

Buchstabeneinführung: Seiten 6 bis 79 – Seiten 80 bis 103

- **Basistext:** große Schrift mit Silbenfärbung (6 bis 79)
  große Schrift (80 bis 103)
- **Erweiterungstext:** mittelgroße Schrift
- **für Fortgeschrittene:** kleine blaue Schrift
  (Texte mit noch nicht eingeführten Buchstaben/Lauten)

Kapiteleinstiegsseiten (Kinderbuchpräsentation)
Nur bereits eingeführte Buchstaben (außer S. 4/5 zum Vorlesen):
- alle textfreien Erzählbilder – alle Bildanteile der Seiten
- die kurzen Texte
- die umfangreicheren Texte

Kapitelabschlussseiten (Vertiefung und Anwendung)
Nur bereits eingeführte Buchstaben:
Mit handlungsorientierten Anregungen und zum gemeinsamen Lernen und Spielen in Partner- oder Gruppenarbeit.

Textsammlung: Seiten 104 bis 133 – mit allen Buchstaben/Lauten

- **Basistext:** große Schrift mit Silbenfärbung
- **Erweiterungstext:** mittelgroße Schrift
- **für Fortgeschrittene:** kleine Schrift (immer rechte Seite)

Textwerkstatt S. 136

Das Jo-Jo am Seitenfuß verweist auf vertiefende und weiterführende Aufgaben in der **Textwerkstatt**. Sie enthält Anregungen und offene Aufgabenstellungen zu ausgewählten Beiträgen der Textsammlung, die zum Teil auf unterschiedlichen Niveaustufen umgesetzt werden können.

Jo-Jo

Fibel

von
Nicole Namour

unter Beratung von
Alexandra Mangold
Sandra Meeh
Anja Tiedje

Cornelsen

N	i	n	o

N	i	n	a

Nino

Nina

Nino

Nina

Ni no Ni na

Miteinander

L öwe
E sel
S onne
E nte
N ashorn

Ottos
Mops
hopst

Findest du
das passende Buch
zu jedem Kapitel?

Seite ⇨ 101

N n

Nino Nina

Da ist Nino.

Nino malt mit Nina.

Wo ist Jojo?

Ni no	Nino
Ni na	Nina

I i

Ina

Da ist Nina.

Nina ruft Ina.

Was tut Ina?

Was tut Nino?

	I	n	a	I	na	Ina
N	i	n	a	Ni	na	Nina

A a

in
an

Aninaninana
Naninananini

O o

Klassendienst
MO Nino - Nina
DI Noa - Lisa
MI Ina - Andi
DO Ali - Toni
FR Nils - Lara
Jojo
Ooo
Noa
Noa
N
u
o
!
Ina
Nino
Nina
Oma
Opa
Jojo
O, Nino

Alle lernen lesen.

Nino holt Jojo.

Was tut Simon?

T t

Toni in Not

Anita in Not

Was will Nino tun?

Was will Noa?

Was tut Lisa da?

To ni	Toni
A ni ta	Anita

M m

Oma am 

Mama im 

Oma mit Mama

M	a	m	a	Ma	ma	Mama
	O	m	a	O		Oma

Nina mit Nino

Nino mit Mama

Nina mit Oma

Nino ist nett.

Nina ist nett.

Nina teilt mit Nino.

Nino teilt mit Nina.

A
ni
ta
To
I
Ma
no
?
na
Ni
O
ma

Herbstwind

101

L l

Nina malt Lama Lola.

Ali malt mit Lila.

Jojo malt mit.

L a m a → Lama

La ma

A l i → Ali

A li

Malt Mama Lama Lola?

Malt Oma Ali an?

Malt Oma Lama Lola?

Malt Oma Toni mit Ina?

Was basteln Anita und Nino?

Sie haben:

- eine Schere
- Pappe
- Kleber
- Blätter

1.	Ma	O	La	A	To
2.	na	li	ni	ma	mi

S s

Simon ist am Mist.

Nils soll mit.

Ist Lisa mit Ali am Mast?

S	i	m	o	n	L	i	s	a	N	i	l	s

Si mon Li sa Nils

Ist Ali am Mist?

Ist Simon am Mast?

Ist Ali am Mast?

Ist Nils mit Lisa am Ast?

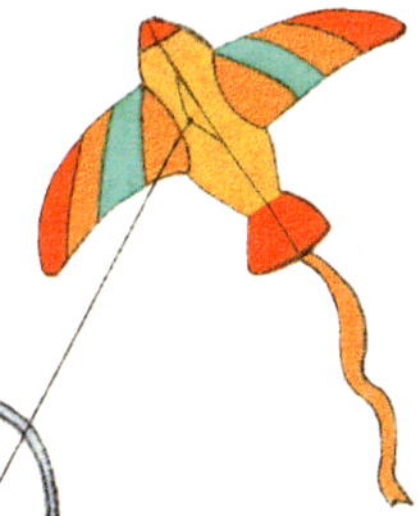

So ein Pech!

Will Jojo Nina helfen?

Was soll Nina tun?

Wer kann Nina helfen?

Lisa	Nina	Toni	Ali	Nils
Simon	Nino	Lola	Ina	Anita

Iiii,
Salat mit
Ananas!
Mmm,
Salami!
Salat
Ananas
Lama
Salami
Mama
Ast
Oma
Oma
Ananas
Salat
Limo
Tal
Anton
Nils
Tim
Ina
Salat
Mami

Tieren auf der Spur

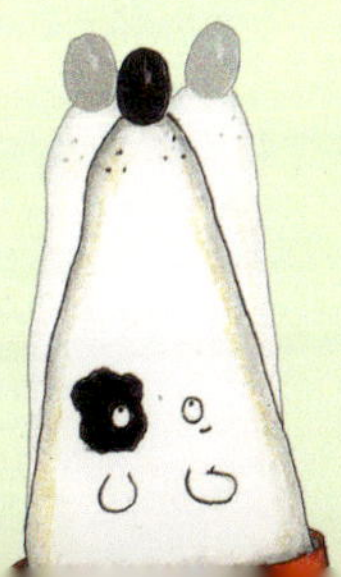

101

E e

Alle Esel essen Salat.

An Ninos Nase ist Salat.

Tante Lena ist nett.

Ist Tante Lenas Mantel lila?

Nase	Esel	lesen
Ente	Mantel	malen

Nina ist mit Jojo am See.

Essen alle Enten Tomaten?

Essen alle Enten Salat?

Oooo! Ninas Mantel ist nass!

Esel, Enten, Elefanten,
Kinder, Hunde und auch Tanten –
Nina, Nino sowieso
sehen wir in diesem Zoo.

P p

Papa ist mit Nino

im Sessel.

Alle lesen mit Opa.

Paola ist toll.

Polli soll essen.

Pa

O

pa

Papa

Opa

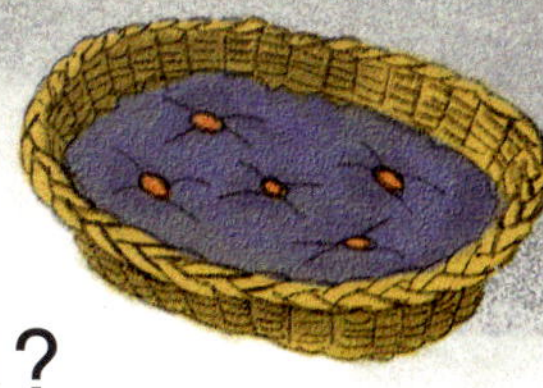

Passt Paola
in Mamas Mantel?

Ist Opa Papas Papa?
Ist Ninos Mama alt?
Ist Paola Ninos Oma?

Was darf Polli fressen?
Was fressen Papageien?

Warum muss man
gut auf Polli aufpassen?

Lip	pen	Lippen
Lap		Lappen

es	sen	essen
pas		passen

W w

Nina will etwas wissen:

Wann will Polli essen?

Will Polli an Mamas Wolle?

Nino will etwas wissen:

Was soll Jojo essen?

w i s s e n

wis sen

Was passt?

Nina ist Jojos Papa.
Nina ist Jojos Mama.

Jojo will mit Nino los.
Jojo will mit Nina los.

Jojo will Salami essen.
Jojo will Salat essen.

Was will ich Nina sagen?

- Ich belle laut.
- Ich jaule leise.
- Ich liege auf dem Rücken.
- Ich springe an Nina hoch.

wollen	lassen	m♕ss♕n
sollen	p♕ss♕n	♕ss♕n

1. Was ist an Ninos Nase?
2. Wo essen Enten Salat?

E e

3. Mit wem ist Nino im Sessel?
4. Nenne 3 Namen mit P.

P p

5. Was will Nina wissen?
6. Was will Jojo alles?

W w

Wo ...?

Wann ...?

Womit ...?

Was ...?

Mit wem ...?

Fantasie-Gestalten

Was ist los?

101

R r Rate mit!

Alle wollen raten.

Wer soll als Erster raten?

Rate: Wer ist Monster-Mia?

Was ist rot?

Was ist an Sams Nase?

Was ist rosa?

Wer wartet wo?

Wer antwortet als Erster?

Was passt?

Er ist toll!

Er ist nass.

Er ist in Not.

Er rennt los.

Er ist nett.

Er wartet im Tor.

Retter mit Rosen

Ratte mit Messer

Pirat mit Messer

Ein Baumeister, ein Schwamm und ein Pirat!

In zwei Namen ist etwas gleich.

Nino nennt alle Namen.

Der Pirat nennt sich „Kleiner Hai“.

Ei ei

Es war einmal ...

Es war einmal ein Ritter.

Sein Name war Rolo.

Rolo war ein toller Reiter.

Ein Pirat wollte Rosalis Perlen.

Rolo war ein toller Retter.

So rettet Ritter Rolo seine Rosali

1 Rosali wartet
an einem Tor.
Rosali ist so rosa.

2 Ein Pirat will Rosalis Perlen.
Ritter Rolo ist
als Erster am Tor.

3 Rolo rettet Rosali
mit einem Eimer.

4 Was ist los mit Rosali?
Weint Rosali etwa?

D d

Eine Reise ins All – Andis Idee

Male deine Idee.

Eine Reise ins All – Ninas Idee

Dreimal

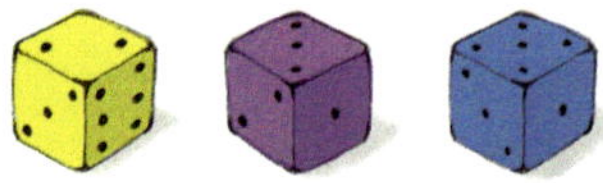

1	2	3
Rosali	rennt	an einem Tor.
Ein Monster	wartet	in Opas Sessel.
Der Pirat	redet	mit einem Eimer.
Ein Dino	rodelt	in der Wanne.
Der Mond	poltert	mit Ninas Mantel.
Eine Dame	reitet	in einem Nest.

Winterkälte

Im Winter

ist es

drinnen

warm ...

So ist der Winter ...

U u

So ein Unwetter

Alles ist total nass. Der Wind pustet.
Nino und Nina warten an der roten Ampel.

Dann rennt Nino als Erster los.

Was ist denn
nun los?
Nino rudert wild
mit seinen Armen.

Umsonst!

Nun rennen Nina und Jojo los.

Nina umarmt Nino: Du Armer! So ein Unwetter!

Nino meint nur: Mann, Jojo, was tust du denn da?

Uppps! Mein Popo ist unten so nass!

Nina hilft Nino. Sie gibt Nino die Hand.
Sie wundert sich: „Wieso hast du Turnschuhe an?“

Rot:

Du musst

warten!

Grün:
Nach links schauen.
Nach rechts schauen.
Wieder nach links schauen.

Wenn kein Fahrzeug kommt,
kannst du losgehen.

F f

Ninos Anruf

Am Fenster ist Frost.

Drinnen am Ofen ist es warm.

Nino ruft Nina an. Das tut er oft.

Opa muss nun warten.
Das findet er doof.
Was könnte er mit Nino tun,
bis Nina kommt?

Mann, Jojo!
Nun gib aber mal Ruhe!
Ich konnte Nino ja kaum
hören!

H h

Nino ist …

Nino hat Husten.
Er ist total heiser
und sein Hals ist rot.

Papa holt Tee und Hustensaft.
Nino ruft sofort: „Den Saft will Paola!“

Papa antwortet: „Du hast tolle Ideen!
Das ist Holundertee. Und **du** nimmst den Saft!
Der wird dir helfen und den Husten heilen!“

Gestern war es kalt.
Nino hat im Hof gespielt –
ohne Mütze und ohne Schal.
Er hat gar nicht gemerkt,
dass ihm kalt wurde.

Paola will helfen

ie

Nino niest und niest.

Paola holt Polli.

Paola ruft:

„Der Nino ist so arm!

Und die Polli ist so warm!"

Mama ruft:

„Paola, was tust du da?"

Mama nimmt Polli sofort

wieder herunter.

„Halt, Paola!

Hier ist nun Ruhe!"

Mama misst Ninos Temperatur.
Aber er hat kein Fieber.
Dann holt sie eine Wärmflasche.
Sie sagt:
„Diese Katze darf dich wärmen!"

Unser Winterheft

Mein Winterhut

Tiere im Winter

Meine Winteridee

Das ist im Winter toll!

Das Wasser
im See friert.
Es wird Eis.

1 Nino heftet den Hasen an seine Foto-Seite.

2 Mit dem Papier will Toni etwas falten.

3 Das findet Anita im Winter toll.

4 Nina malt einen tollen Winterhut mit Federn.

Zeit vergeht

Das ist toll im ...

101

Z z   Niemand hat Zeit

Es ist 7  .

Es wird hell.

Jojo zerrt an der Leine.

Mama ist in Eile.

Zuerst muss sie mit Jojo zum Arzt.

Dann muss sie sofort zur Firma.

Nina ruft Mama zu:

„Nie isst du mit uns zusammen!“

Es wird Zeit. Mama ruft:

„Leon! Hallo! In zwei Minuten musst du los!

Nina, nimm dein Essen mit!"

Dann nimmt Mama Nina in den Arm:

„Es tut mir leid, Nina!

Um zwei essen wir alle zusammen."

Überlege:

- Warum ist Mama in Eile?
- Wohin muss Mama zuerst?
- Warum sieht Nina so traurig aus?

oder : Was tust du um ?

B b Bei Ninas Bruder Leon

Es ist Abend.

Nina ist mit Leon im Zimmer.

Leon ist Ninas Bruder.

Beide malen Bilder mit Dinos.

Nina malt bunte Blumen neben den Dino.

Nina: „Wie alt wurden die Dinos?“

Leon: „Die meisten Dinos wurden so alt,
wie wir werden.“

Wie alt werden wir in unserem Leben?

Leon meint:

„Wie willst du deinen Dino nennen?“

Nina ruft: „Bitte hilf mir dabei!“

Aber Leon hat eine bessere Idee:

Er malt Nina ein Blatt mit Silben:

„Damit erfindest du selber einen Namen.“

Ba	ra	sa	ras
Be	re	se	res
Bi	ri	si	ris
Bo	ro	so	ros
Bu	ru	su	rus

Wie viele Jahre können diese Tiere leben?

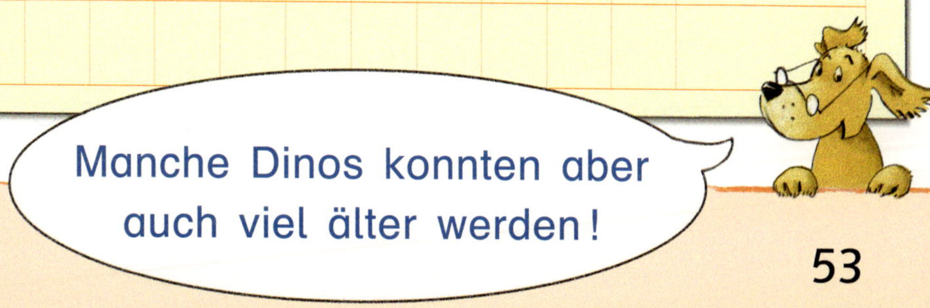

Ch ch Wenn es Nacht ist in China

Nino, Nina und Leon lesen
in einem Buch.
Nina ruft: „Bei uns ist es noch hell.
Dann ist in China nun Nacht."

Nino wundert sich. Nina meint:
„Immer nur ein Teil der Erde hat Sonnenlicht.
Der andere Teil aber nicht."

Nino meint: „Ach so!
Und China ist im anderen Teil
der Erde!
Ist in China immer Nacht?“

Leon muss lachen: „Nein, Nino!
Die Erde ist ein Planet.
Planeten drehen sich um sich selbst.
Wenn bei uns Nacht ist,
wird es in China wieder hell.“

So sehen wir die Sonne

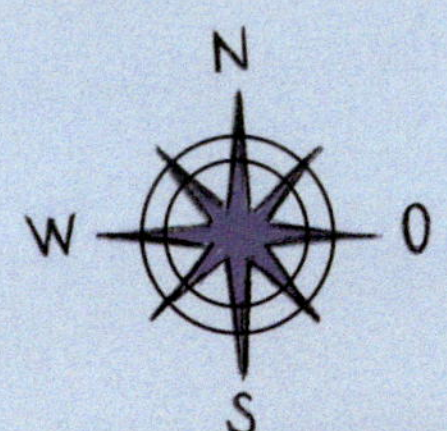

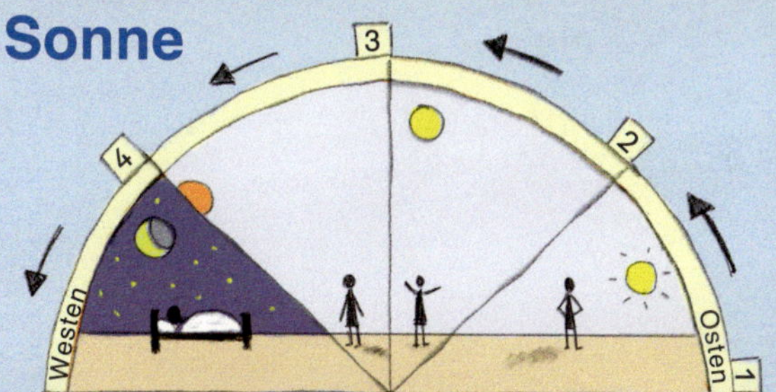

Welches Bild passt zu welchem Satz?

- ✶ Danach wird es schnell dunkel.
- ✽ Im Westen wird sie rot und geht unter.
- ⊘ Morgens geht die Sonne im Osten auf.
- ♥ Mittags steht sie hoch am Himmel.

Wenn es Nacht ist in China, ...

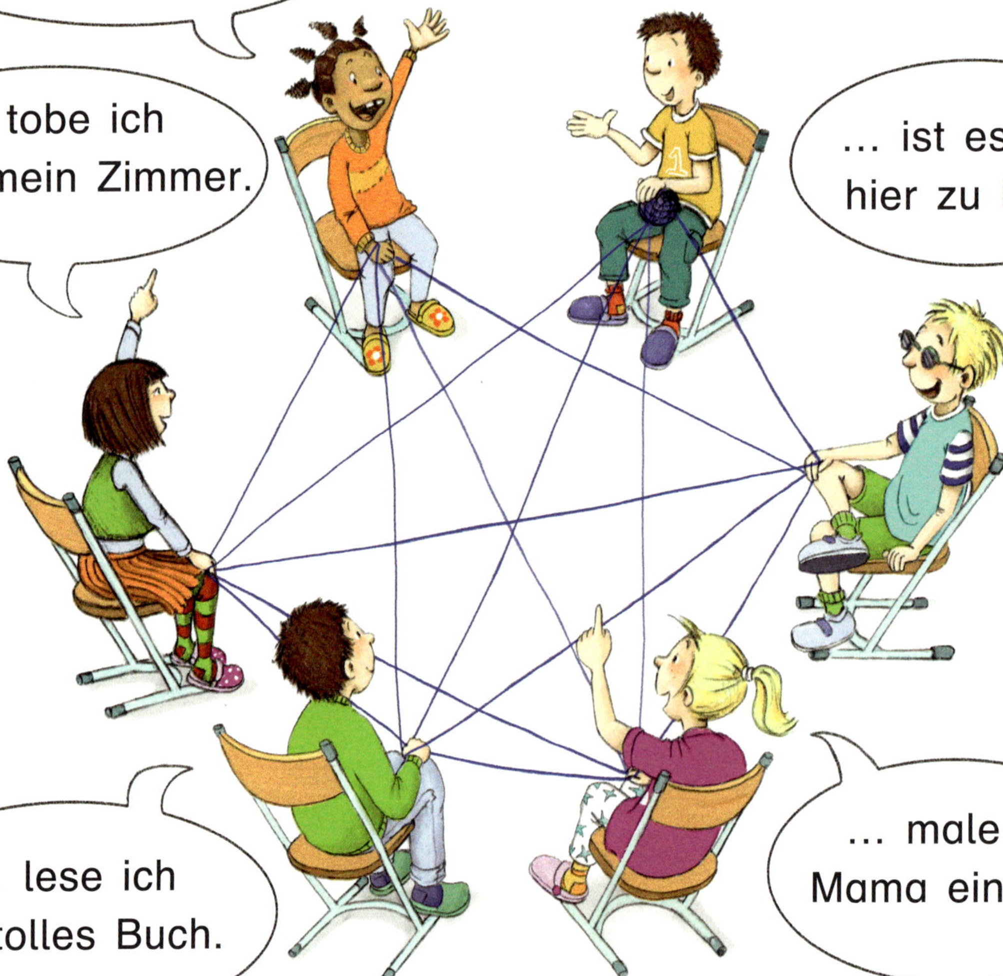

oder : Und was machst du, wenn in China Nacht ist?

Das bin ich

Manchmal
ist
mein ICH
ein buntes
Durcheinander.

Manchmal
hat
mein ICH
eine Farbe.

Male dein ICH.

101

Au au

Das ICH unter meiner Haut

Manchmal finde ich mich toll.
Dann lache ich und tobe herum.

Manchmal finde ich mich
auch doof.
Dann brauche ich dich,
damit du mir Mut machst.

Auf dem Pausenhof habe ich
manchmal Bauchweh.

Wenn ich Wut habe, pocht mein Herz laut
unter meiner Haut.
Dann will ich am liebsten fortlaufen.

Manchmal traue ich mich aber auch etwas –
etwas, was sich kaum ein anderer traut.

Heute konnte ich wieder nicht
leise sein.
Und ich habe Anitas Lineal
vom Tisch geworfen.
Ich weiß selbst nicht, warum.

Es tut mir leid.
Aber ich traue mich nicht,
mit Anita zu reden.

Wie fühlen sich die Kinder?
Wie können die Kinder einander helfen?

K | k

Ninos Familie

Mein Papa kommt aus Italien.
Zuerst wollte er nur kurz bleiben.
Dann lernte er Mama kennen.
Nun sind wir eine Familie mit drei Kindern.

Und Opa lebt auch hier bei uns.
Das finde ich klasse!

Paola liebt laute Musik.
Opa ruft immer: „So ein Krach!“
Aber dann kichert er und
wirft ein Kissen nach Paola.

Übrigens: Eigentlich heiße ich Antonio.
Nino ist nur die Abkürzung.
Der kleine Jonas kann nur Nino sagen.

Ninas Familie

Mama, Leon und Jojo sind
meine kleine Familie.
Papa lebt nun woanders.
Ich kann Papa aber immer besuchen.

Manchmal kochen wir zusammen.
Papas Kartoffeln brennen oft an.

Leon und ich helfen Mama im Haushalt.
Wenn Mama arbeiten muss,
kommt Oma zu uns und kocht.
Jojo bekommt dann auch einen Knochen.

Eigentlich mag ich Leon.
Aber wenn es um Aufgaben
im Haushalt geht,
streiten wir uns auch oft.

Aufgaben für morgen

	Leon	Nina
Wasser kaufen	x	
Abfall		x
abwaschen	x	
mit Jojo laufen		x
Jojo ...		

Ö ö Kartoffeln und Börek

Frau Löber möchte wissen, was die Kinder oft essen.
Alle Kinder rufen durcheinander.
Frau Löber ruft: „Nun aber mal der Reihe nach!
Hört bitte den anderen erst zu!"

Frau Löber schaut böse und ermahnt Lisa: „Sei nicht so frech!"

Was isst du am liebsten?
Was isst man anderswo in der Welt?

Über unser Essen

Ü ü

Was müssen wir öfter essen?

Obst	???	andere Sachen
Bananen	Kartoffeln	Bonbons
Birnen	Paprika	Nüsse
Mandarinen	Tomaten	Eis
Weintrauben	Kürbis	Müsli
...	...	...

Frau Löber meint:

„Lest bitte zuerst die Zeile über der Tabelle!"

Lisa brüllt: „Zwei Wörter passen nicht dahin!"

Frau Löber ruft: „Würdest du dich bitte melden?"

Mein Obstsalat-Rezept

- Bananen, Birnen, anderes Obst
- Nüsse oder Mandeln
- Rosinen oder Kokosraspeln
- etwas Zitronensaft und Ahornsirup

Nicht vergessen:
Das Obst und die Hände vorher waschen!

Wir erfinden Monster-Wörter

Das ist meine …

Kann-…

Kann-alles-…

Kann-alles-riechen-…

Kann-alles-riechen-Nase.

Sau-er-kraut-sup-pen-löf-fel

Das liebe ich über alles:

Erdbeer…

Erdbeermarmeladen…

Erdbeermarmeladenbrötchen

Das möchte ich einmal in der Woche haben:

Wutsofortrausbrüllminute

Badewannenwasserüberlauffest

Kletterkrabbeltanzlauftobekurs

Badezimmerhandtuchkostümfeier

Kokosbananenbirnentraubennussmüsli

Erfinde selbst solche Monster-Wörter.
Lies sie dann mit einem Partnerkind.

Freizeit

Am liebsten …

Sch sch

Nach der Schule

Die Schule ist aus.

Nino und Nina sind schon fast an der Tür.

Auf einmal ruft Nina:

„Nino, schau mal! Da ist eine Pinnwand.

Das sind schöne Freizeit-Tipps!

Wollen wir ins Schwimmbad gehen?“

„Nein, lass uns lieber die Dinos anschauen!“

„Nein, lass uns fernsehen!“

„Nein, lass uns Schiffe aus Müll basteln!“

„Nein! Lass uns einen Brief an Sascha schreiben!“

„Nein! Dann kaufe ich mir lieber etwas Schönes!“

Nina schmollt.

Aber plötzlich fällt ihr etwas ein.

Sie öffnet schnell ihren Schulranzen

und kramt darin herum.

Es raschelt. Nino wird neugierig.

Nina zieht einen Zettel heraus.

Freizeit-Tipps der Klasse 2b

LESEN

Bücher
Briefe
Zeitschriften
Tablet
Internet
Comics
SMS

Naturkunde-Museum

Dino-Schau
15.02. bis 15.05.

Im Fernsehen

SA ▪ 8:50
Schirin, das Schaf

SA ▪ 12:10
Die Blindenschrift

SO ▪ 11:30
Schau dich schlau: Plastik schadet der Natur!

Himmel und Hölle

Malen, Basteln, …

- Fische malen

- Schiffe basteln
- Tierbilder sammeln
- Flaschenpost schreiben

Sport

tanzen
klettern
schaukeln
schwimmen
Inline-Skaten
Gassi gehen
Fußball spielen

G g

Simon gegen Andi

Simon und Andi gehen zur Wiese.
Dort holt Andi einen gelben Ball
aus seiner Tasche.
Simon ruft: „Das ist doch Tonis Ball!
Gestern hat Toni den überall gesucht!“
Andis Gesicht wird ganz rot.

Andi beginnt zu weinen:
„Gar nicht! Das ist mein Ball!
Den hat mir mein Bruder gegeben.
Du kannst Nino fragen.
Der hat es genau gesehen!“

Plötzlich kommt Toni dazu und sagt:
„Aber mein Ball ist doch grün!“
Jetzt wird Simon ganz rot.
Er sagt: „Oh, das tut mir leid, Andi!
Entschuldigung!“

Eine Aufgabe für kluge Forscher:
Finde heraus, wer gerade Weltmeister ist.

Augen-Rätsel

Ä ä

Nino hat sich ein Rätsel-Buch geliehen.
Die Mädchen blättern wild darin herum.
Nino greift Paolas Ärmel und fragt:
„Lässt du mich bitte auch einmal lesen?“
Paola grinst:
„Nur, weil du älter bist als ich!“

Nino zeigt auf eine Seite und sagt:
„Hiermit präsentiere ich
mein liebstes Buch!
Schaut mal: Sind diese Linien schräg
oder gerade?“

Mein liebstes Buch

Autor: Goran Gärtner

Titel: Rätsel für Kinder mit Grips

Was mir an diesem Buch gefällt:

Die Augen-Rätsel finde ich richtig gut!

Worum es in diesem Buch geht:

Der Autor hat darin Rätsel für Kinder gesammelt.
Jedes Kapitel hat einen eigenen Namen:

- Rechen-Rätsel
- Augen-Rätsel
- Tier-Rätsel

Auf den letzten Seiten stehen alle Lösungen.

Freizeit-Gedichte

Die Giraffen
küssen Affen.

Die Elefanten
polieren Diamanten.

Die Forellen
üben Knurren und Bellen.

Gerda Anger-Schmidt

Die Nina
fliegt nach …

Der Geier
brät sich …

Der Nino
geht ins Kino.

Der Fisch
tanzt auf dem …

L ____________
E ____________
S ____________
E ____________
N ____________

F reie Zeit
R ätsel lösen
E cht tolle Bücher lesen
I m Internet surfen
Z usammen schaukeln
E ndlich Zeit zum Basteln
I ns Schwimmbad gehen
T ausendmal besser als …

Frühlingsduft

Es war ein schöner
Morgen.
Der alte Pettersson
... im Gemüsegarten
und ... sich um
und prüfte die Erde.

„Es ist so weit“, sagte er.
„ ... können wir ... säen.“
Pettersson grub das Gemüsebeet um
und harkte die ... glatt.
Dann säte er die Samen in geraden
schönen Reihen.
Kater Findus ... los und holte
Fleischbällchen.

Sven Nordqvist

Wie könnte es weitergehen ... ?

ah eh
oh uh
ih

An der alten Mühle

Die Kinder sind an der alten Mühle.

Es ist schon sehr warm.

Toni fährt Ina über die Wiese.

Nino ruft: „Oh, hier blüht schon alles!“

Ina kennt sich gut aus: „Das sind Frühblüher.

Die gelben sind **NARZISSEN**.

Seht ihr auch die **KROKUSSE** und **TULPEN**?“

Nina sagt: „Hier blüht schon ein Löwenzahn.“

ieh

äh öh üh

Auf einmal ruft Toni: „Sieh mal, Ina.
Auf der Weide grast eine Kuh!“
Ina sagt: „Ihr Name ist **Allegra**.“
Nino lacht: „Ehrlich? Das ist Italienisch!
Man nennt sie also **die Fröhliche**!“

Nina hat Müll entdeckt: „Das kann ja nicht wahr sein!
Wieso werfen Leute Plastikabfall einfach neben die Blumen?
Eine Wiese ist doch kein Mülleimer!“

Nino schlägt vor: „Wir sammeln das ein und nehmen es mit!“

Blütezeit
März – April
Blütenfarbe
violett, weiß,
orange

Blütezeit
März – April
Blütenfarbe
weiß, rot, gelb
lila, orange

?

J j

Die schönste Zeit im Jahr

Endlich scheint die Sonne!

Nina ist mit Jojo bei Nino im Garten.

Der kleine Jonas löffelt einen Joghurt.

Opa liest. Nino übt mit seinem Jo-Jo.

Alle fühlen sich wohl.

Nur Paola jammert.

Sie wollte ja lieber ins Kino.

Nino meint:
„Magst du mit mir
am Jo-Jo üben?“
Paola brüllt:
„Was? Ich soll ich den armen Jojo
hoch- und runterrollen lassen?“

Auf einmal rennt Paola
mit Ninos Jo-Jo weg.
Nina und Jojo
jagen sofort hinter ihr her.

Was macht das Wetter im Lirpa?

T und M: Günther Kretschmar

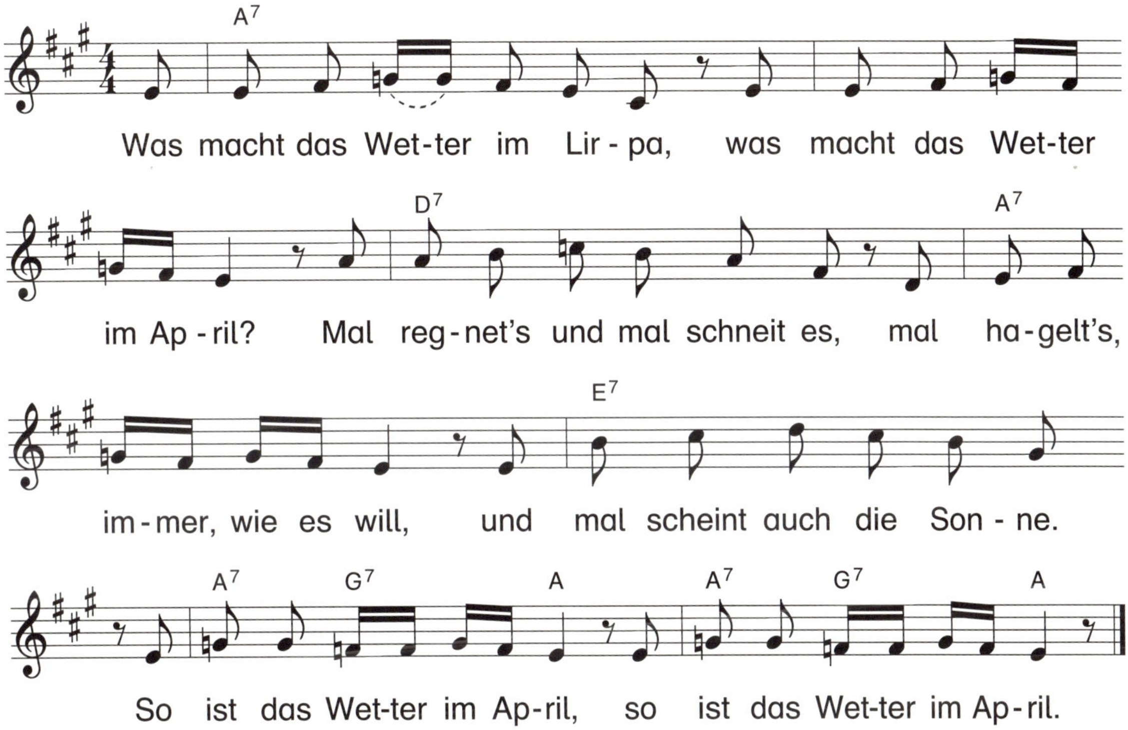

Und wie ist das Wetter im …
Inuj – Iluj – Tsugua
oder im
Rebmezed – Raunaj – Raurbef?

Diese Wörter sind **Teekesselwörter**.

Finde heraus und beschreibe:
Was ist so besonders an diesen Wörtern?

Kennst du noch andere **Teekesselwörter**?

Wir basteln ein Amselnest

Du brauchst:

hellblaues und grünes Tonpapier,
Karton, eine Schere, Kleber,
Filzer in Gelb, Schwarz und Braun,
braunes oder grünes Bastelgras

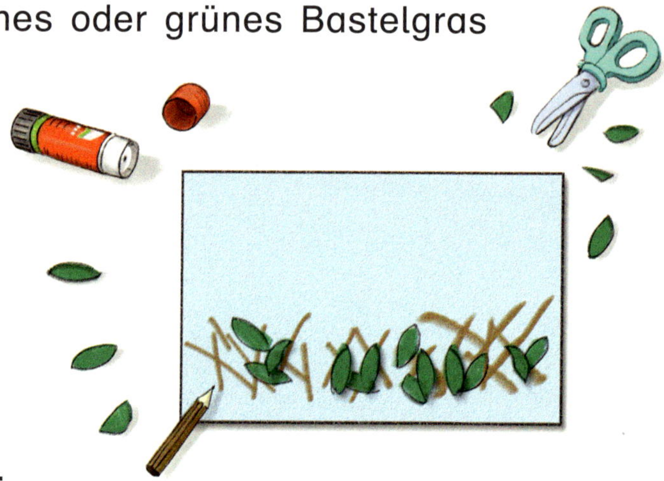

1. Zuerst malst du Zweige auf das hellblaue Papier.

2. Danach schneidest du aus dem grünen Papier kleine Schnipsel für die Blätter. Die klebst du an die Zweige.

3. Nun malst du jede Amsel einzeln auf den Karton. Ungefähr so:

4. Schneide die Amseln aus und klebe sie über die Zweige. Male die gelben Schnäbel dazu.

5. Klebe dann ein wenig Bastelgras in einem Bogen unter die Amseln.

Bühne frei !

Sehr geehrtes Publikum!

Hier auf der Bühne
seh'n Sie gleich
die Königin –
und die ist reich.

Doch ist sie leider
ganz allein
und fragt: „Warum
liebt mich kein Schwein?“

Da kommt ein Schwein
herbeigelaufen,
will eigentlich
nur Wasser saufen …

Die Königin
küsst's in der Not,
da wird das rosa
Schweinchen rot.

Ich mag das Theater,
weil …

101

Sp sp Wir spielen Theater

Eines Tages spaziert eine kleine Rennmaus zu den Tieren in der Wüste.
Die Maus sagt: „Ich möchte ja nicht stören.
Aber wo finde ich bitte den Löwen?“

Die Tiere starren die kleine Maus an.
Dann sprechen alle durcheinander.

Die Giraffe lacht: „Willst du etwa mit dem spielen?“

Der Geier ruft: „Spinnst du? Du stehst doch auch auf seinem Speiseplan!“

Der Affe staunt: „Na, du bist aber mutig!“

Die Spinne sagt: „Er brüllt immer bis spät nachts!“

Das Zebra meint: „Jaaa, das stimmt, und …

Das Nashorn … : …

Doch die Maus dreht sich stumm um
und folgt den Spuren im Sand.

Auf einmal bleibt sie stehen.
Der Löwe liegt im Gestrüpp und brüllt.
Als er die Maus bemerkt, stöhnt er:
„Alle laufen weg, wenn sie mich sehen.
Ich habe doch nur Zahnschmerzen!“

Die Maus sagt: „Warte, ich helfe dir!“
Sie steigt in sein Maul.
Sie zieht den Zahn mit aller Kraft heraus.
Der Löwe strahlt: „Nun werde ich nie mehr allein sein!“

Spielt die Geschichte. Überlegt:
- Wer spielt welches Tier?
- Wie stelle ich Gefühle dar?
  - mit meinem Körper
  - mit meinem Gesicht
  - mit meiner Stimme

- Denke dir eine Überschrift zu dem Stück aus.
- Welche Tiere könnten noch vom Löwen berichten?
- Ob der Löwe wirklich neue Freunde findet? Wie könnte die Geschichte weitergehen?

ck

Picknick auf der Brücke

Die Tiere treffen sich zu einem Picknick.
Alle hocken auf der Brücke.
Manche schlecken ein Eis. Lecker!
Andere kleckern mit ihrer Limonade.

Auf einmal steht der dicke Elefant auf
und rennt fort. Die ganze Brücke wackelt.

Lauf!
Schnell!
Es knackt!
Die Brücke
bricht!

Was ist denn
mit dir los?

Hat dich eine
Mücke gestochen?

Wir
müssen
hier runter!
Die Brücke
knackt!

Das Zebra nimmt die Schnecke huckepack.
Und so geht es weiter. Ein Tier nach dem anderen rennt zurück in den Urwald. Bis auf einmal …

Die Tiere gucken zurück zur Brücke …

- Ein Tier glaubt dem anderen. Alle denken falsch. Tauscht euch darüber aus.
- Welche Tiere folgen nach der Schnecke?
- Denkt euch einen Schluss aus. Schreibt ihn auf. Spielt das Stück mit verteilten Rollen.

Wir stellen Tiermasken her

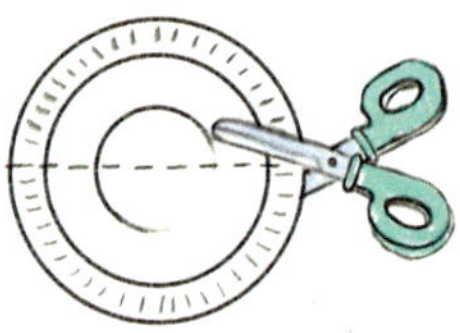

Pappteller halbieren

ans Gesicht halten –
Kreise für die Augen aufmalen

Kreise für die Augen
und einen Halbkreis für
die Nase ausschneiden

Maske auf beiden Seiten
unten lochen – dann anmalen

Ohren, Hörner oder Fühler
aus Tonpapier ankleben –
Bänder oder Gummis
durch die Löcher knoten

Überlegt: Wie stellt ihr Masken für andere Tiere her?

Elefant – Löwe – Spinne – Affe – Schnecke – …

Es wächst und grünt

Ritter Rüstig und Ritter Rostig
lebten mit ihren Frauen
friedlich auf zwei Burgen.

Zwischen beiden Burgen
sahen sie eines Tages
eine ganz besondere Blume.
Bald war sie fünf Meter hoch!

Morgens bog sich die Blüte
zu Rüstigs Fenster.
Abends bog sich die Blüte
zu Rostigs Fenster.

Doch bald wollten
beide Paare die Blume
für sich alleine haben.

Alle zerrten an ihr herum –
bis die Blume zerbrach.

Dann geschah ein Wunder:
Nach dem Winter gab es
14 Blumen im Garten.

Was war wohl passiert?

101

Pf pf

Sommer im Topf

Die Kinder wollen Blumensamen aussäen.
Ninas Mutter hat Töpfe, einen Sack Blumenerde
und Samen gekauft.
Paola zieht Nina am Zopf: „Wo sind die Pflanzen?“
Nina grinst: „Aber die gibt es doch noch gar nicht!“

Nino erklärt Paola:
„Zuerst säen wir diese Wildblumensamen im Topf aus.
Danach pflegen wir die Saat gut und warten ab.
Bis zum Sommer haben wir dann schöne Blumen im Topf.
Naja, gut ... dann sind sie nicht mehr wild.“

Mama meint: „Ich zeige euch gleich, wie das geht.
Aber wir müssen zuerst diesen Hund ablenken.
Der macht mich ja ganz verrückt! Jojo, hüpf uns nicht
zwischen den Füßen herum! Dein Napf ist voll!“

So setzen die Kinder die Samen ein

Nino und Paola sitzen gespannt auf ihren Plätzen.
Endlich setzt Nina sich auch. Mama erklärt den Kindern:

„Zuerst füllt ihr die Töpfe mit Blumenerde. Drückt sie fest.“

„Jetzt steckt ihr einige Blumensamen in die Erde.“

„Zuletzt drückt ihr wieder etwas Erde darüber fest.“

„Gebt der Erde danach jeden Tag etwas Wasser.
Die Pflanzen brauchen Licht. Sie mögen aber keine Hitze.“

Plötzlich rast Jojo in die Blumenerde.
Mama pfeift ihn zurück: „Sehr witzig, Jojo!
Nimm deine Pfoten weg, du Dreckspatz!
Du machst ja alles schmutzig!“

Informiere dich über Wildblumen.
Hast du eine Lieblingsblume?
Gestalte einen Steckbrief dazu.
Präsentiere ihn den anderen Kindern.

chs

Können Knöpfe wachsen?

Die Klasse ist in sechs Gruppen geteilt.
Jede Gruppe hat einen Zettel mit Blumennamen.
Frau Löber sagt: „Diese Blumen wachsen auf Wiesen."
Die Kinder wechseln sich beim Lesen ab.
Aber, was sind das denn für witzige Namen?

Ochsenauge – Käsepappel – Wiesenknopf

Am nächsten Tag sollen die Kinder die Blumen
auf einer Wiese suchen. Zuerst albern alle nur herum:

Toni sagt: „Hi, hi, ein **Ochsenauge**.
Ob es auch eine Fuchsnase gibt?"

Nino lacht: „Wie bitte? **Käsepappel**?
Eine Pappel ist doch ein Baum!"

Nina ruft: „Ich habe den **Wiesenknopf**!
So, so! Knöpfe können also wachsen!"

- Findet heraus: Welche Namen gibt es wirklich?
  Gänsefingerkraut – Wurstblume – Hahnenfuß
- Denkt euch solche lustigen Blumennamen aus.

Von Kuhblume und Butterblume

V v

Frau Löber lacht: „Ich schlage vor,
ihr sucht zuerst die bekannten Pflanzen.
Vielleicht beginnt ihr mit der Kuhblume!“

Verena hebt vorsichtig ihre Hand.
„Aber die kenne ich auch nicht!“
Simon fragt:
„Ist das die Blume aus der Vase
in unserem Klassenraum?“

Andi flüstert ganz leise:
„Nein, die ist violett.
Die Kuhblume hat doch
gelbe Blüten.
Ihr kennt sie alle.
Aber sie hat ganz viele
verschiedene Namen.“

Ein Pflanzen-Rätsel

Wunderbar
stand er da im Silberhaar.

Aber eine Dame,
Annette war ihr Name,
machte ihre Backen dick,
machte ihre Lippen spitz,
blies einmal, blies mit Macht,
blies ihm fort die ganze Pracht.

Und er blieb am Platze
zurück mit einer Glatze.

Josef Guggenmos

Wildblumen-Karten

Bastle schöne Karten mit getrockneten Wildblumen.
Frage nach, welche Pflanzen du pflücken darfst.
Schneide nur ein bisschen von jeder Pflanze ab.
So kann sie weiter wachsen.

Lege dein Pflänzchen zwischen Löschblätter.
Danach legst du viele schwere Bücher darauf.
Wechsle die Löschblätter mindestens einmal vorsichtig aus.
Nach ein paar Tagen klebst du die trockene Blume
auf deine Karte.

Die Kamille, die Kamille,
ist eine Pflanze, keine Pille.

Doch ist dein Hals ganz rot und wund,
macht sie dich oft ganz schnell gesund.

Du brauchst dann keine fiese Spritze.
Die Kamille, die ist spitze!

Vorsicht!
Manche Pflanzen
sind giftig
oder brennen
auf der Haut.

Schreibe ein
Gedicht dazu.

Die Distel

Die Distel hat ein schön Gesicht,
drum wehrt sie sich und kratzt und sticht.
Der Esel aber hat entdeckt,
dass sie ihm schmeckt.

Karl Heinrich Waggerl

Lerne ein Gedicht auswendig.

Medien – Fenster zur Welt

STECKER RAUS
und AUS die Maus!

Erzähle deine Geschichte
zu den Bildern.

101

Eu eu

Leons neues „Spielzeug"

Leon hat sich einen Laptop gekauft.
Er freut sich sehr. Stolz zeigt er ihn Nina:
„Ist mein neuer Laptop nicht klasse?"
Nina versteht nicht: „Waaas ist das bitte?"
Leon erklärt Nina: „Kennst du das etwa nicht?
Das ist Englisch: „Läpptopp!"

Nina rollt ihre Augen:
„Ich bin doch nicht bescheuert!
Aber Frau Löber hat heute gesagt:
Euch kriegt man ja gar nicht mehr
weg vom Rechner."

Leon zeigt Nina, was er am Laptop macht:
„Ich schreibe eine Nachricht an einen Freund.
Der kann mir darauf sofort antworten. Das nennt man chatten."

Nina fragt: „Ihr unterhaltet euch also ohne zu sprechen?"
Leons Augen leuchten: „Genau!"
Nina fragt: „Warum telefoniert ihr denn nicht einfach?" …

* Wie kann man einen Laptop auch nennen?

Der Streit

… Dann muss Leon aufs Klo.
Nina spielt an dem Computer herum.
Als Leon wiederkommt, wird er wütend.

Leon brüllt: 1 „Hab ich dir das erlaubt?
Mein teurer Laptop ist kein Baby-Spielzeug!“
Nina fängt an zu heulen:
2 „Ist mir doch egal, ob der teuer war! Ich bin kein Baby!“
Leon brüllt weiter: 3 „Dann bist du eben eine Heulsuse!“

Nina rennt zu Mama:
4 „Mama, Mama, Leon sagt, ich bin ein Baby!“
Jetzt wird Leon richtig laut: „Stimmt ja gar nicht!“
Mama guckt die beiden streng an:
„Euren Streit müsst ihr unter euch ausmachen!“

Irgendetwas ärgert dich,
du willst mir an den Kragen.
Lass uns reden! Du und ich,
wir können uns vertragen.

Frantz Wittkamp

Was hätten Leon und Nina
an diesen Stellen auch sagen können?

nk

Herzlichen Dank, liebe Enkel!

Mama muss heute den ganzen Tag arbeiten.
Sie sagt: „Oma kocht schon für euch.
Bitte denkt daran, ihr zu helfen! Deckt den Tisch!
Das Geschirr steht links im Schrank."

Leon und Nina winken Mama zu.
Dann setzen sie sich vor den Fernseher ...
und ... vergessen die Zeit.

Auf einmal kommt Oma
mit dem Suppentopf ...

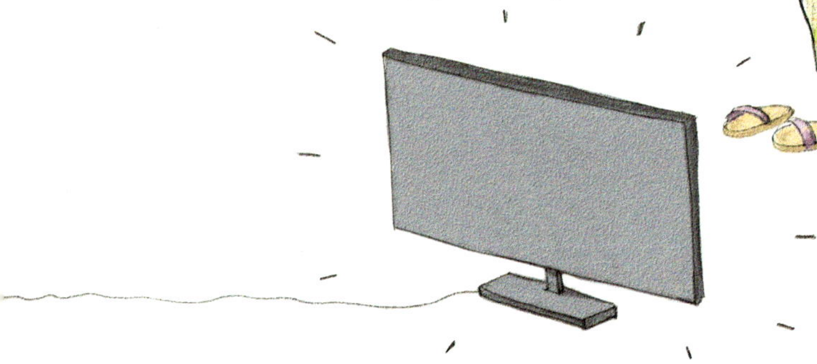

„Na, liebe Enkel, wollt ihr eure Suppe aus dem Topf trinken?"
Leon und Nina schämen sich.
Leon ruft: „Oma, das tut uns leid. Wir holen sofort die Teller!"
Oma grinst und zwinkert mit einem Auge:
„Danke, dann lasst euch die kalte Suppe mal schmecken."

- Wie oft schaust du Fernsehen?
- Wie suchst du dir deine Sendungen aus?
- Ist ein Leben ohne Fernseher langweilig?

Gegen die Langeweile

Heute tauschen sich die Kinder im Sitzkreis aus.
Sie denken darüber nach, wie sie ihre Freizeit verbringen.

ß

Wenn wir groß sind

Draußen regnet es.
Die Kinder sitzen
in Ninos großem Zimmer.
Sie spielen Berufe-Raten.

Nils beschreibt, was er
später gerne werden will.
Die anderen sollen raten:
„Ich trage eine weiße Mütze.
Von mir bekommt ihr leckere süße und heiße Sachen."
Lara brüllt: „Das ist ja pipileicht! Du willst …"

Lara weiß schon, dass sie
Tierärztin werden möchte.

Nina will Reporterin werden – wie Papa.
Der arbeitet bei einer Zeitung.

Bloß Nino kann sich nicht entscheiden:
Fußballspieler oder Pilot?

- Von welchem Beruf träumst du manchmal? Beschreibe ihn. Lass die anderen fleißig raten.
- Heute braucht man für die meisten Berufe einen Computer. Wie war das früher?

Y y

Nino erzählt von Opa

Mein Opa kommt aus Syrakus.
Das ist eine Stadt ganz im Süden Italiens.
Sie liegt direkt am Meer.
Wir verbringen unsere Ferien oft dort.

Opa kam nach Deutschland,
nachdem Oma gestorben war.
Damals war ich noch ein Baby.
Meine Oma hieß Yara.

Opa hat noch oft Heimweh:
„Es war so schön mit Yara
dort draußen am Meer!“
Paola will ihn immer trösten:
„Okay, Opa, du weißt, was zu tun ist!“

Dann telefonieren wir über das Internet mit der Familie in Italien.
Was für ein Geplapper! Paola findet das super –
und Opa vergisst für eine Weile, dass Oma nicht mehr lebt.

Sprich:
„skaipen“

Die Internet-Telefonie heißt skypen!
Euer Computer braucht dafür eine Kamera,
ein Mikrofon und einen Lautsprecher.
Ihr könnt sehen, mit wem ihr sprecht.
Ihr könnt euch sogar auch selbst dabei sehen.

Womit oder mit wem kannst du ...?

etwas lernen

schmusen

basteln

dich zanken

dich informieren

dich freuen

dich austauschen

zusammen Spaß haben

Fußball spielen

telefonieren

Nachrichten schreiben

chatten

etwas fotografieren

???

mit Freunden aus aller Welt skypen

Filme abspielen

gemeinsam singen

tanzen, hüpfen, rennen

Buch	Fernseher	Familie/Freunde	Laptop	Handy

Sommerhitze

Willi traute sich viel, aber
er traute sich nicht ins Wasser.

Er wusch sich, das schon.
Er duschte auch manchmal.

Aber in der Badewanne liegen,
das war ihm zu viel.

Und zum Schwimmen gehen,
das wollte er schon gar nicht.

Willi hatte es
noch niemandem gesagt,
aber er hatte
einen schrecklichen Verdacht:

Der Mensch, dachte Willi,
ist gar nicht wasserdicht.
Oder vielleicht
nur die anderen Menschen,
und er nicht.

An den großen Löchern,
an Mund und Ohr und Nase,
sowieso nicht.
Dass das Wasser
durch die Nase reinkam,
das wusste ja jeder.

Aber was war
mit den kleinen Löchern?
Willi wusste, dass durch
kleine Löcher in der Haut
der Schweiß rauskam.

Wer sagt mir nun, dachte er,
dass durch diese Löcher
das Wasser nicht auch
wieder hineinkommen kann?

Rudolf Herfurtner

Frage nach, wenn du etwas nicht verstehst.

101

Äu äu

Wir „sammeln“ Geräusche

Frau Löber hatte gestern eine tolle Idee:
„Schließt eure Augen. Seid nun ganz still.
Denkt an Geräusche, die ihr aus den Ferien kennt.“
Danach haben die Kinder diese Geräusche beschrieben.

Jetzt machen sie ihre Geräusche nach.
Simon läuft mit einem Mikrofon durch die Klasse.
Er soll alle Geräusche aufnehmen.

* Denkt euch möglichst lange Geräusche-Wörter aus:
  Glockengeläut – Windmühlenge... – Meeres...
* Nehmt Geräusche auf. Können die anderen sie erraten?

C c

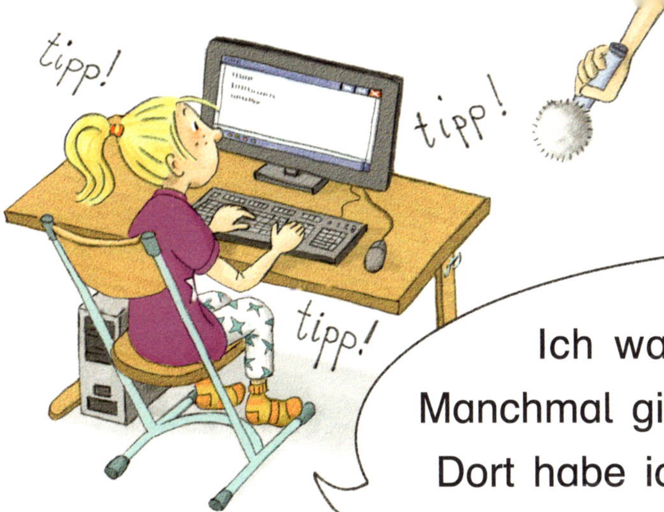

Ich war mit Papa im Urlaub.
Manchmal gingen wir in ein Internet-Café.
Dort habe ich am Computer eine E-Mail
an Mama und Leon geschrieben.

So hört es sich an, wenn du
neben meiner Schwester im Auto sitzt:
Sie findet es cool, die ganze Zeit Musik
auf ihrem Smartphone zu hören.

Ich liebe Lagerfeuer
auf einem Campingplatz.
Die knistern so schön!

✶ Was bedeuten diese Wörter?
Internet-Café – E-Mail – Smartphone – cool
Frage jemanden oder informiere dich in Sachbüchern.
Erkläre eines dieser Wörter einem anderen Kind.

Feriengrüße an Nina

Liebe Nina,
in Syrakus ist es klasse!
Tante Elenas Baby ist da.
Es heißt Luca.
Heute haben wir einen
Tempel mit Säulen
besucht.
Ich kann jetzt auch
im Meer schwimmen!
A presto Nino ☺

An
Nina Bender
Däumlingstr. 14
78554 Aldingen
Germania

Liebe Nina, lieber Papa,

wie geht es euch?
Ist es schön auf dem Bauernhof im Allgäu?
Morgen mache ich endlich,
wovon ich schon so lange geträumt habe:
einen Freeclimber-Kurs.
Wisst ihr, was das ist? Schaut doch mal im Internet nach ☺!
Schreibt ihr mir morgen eine E-Mail zurück?

Liebe Grüße von Leon

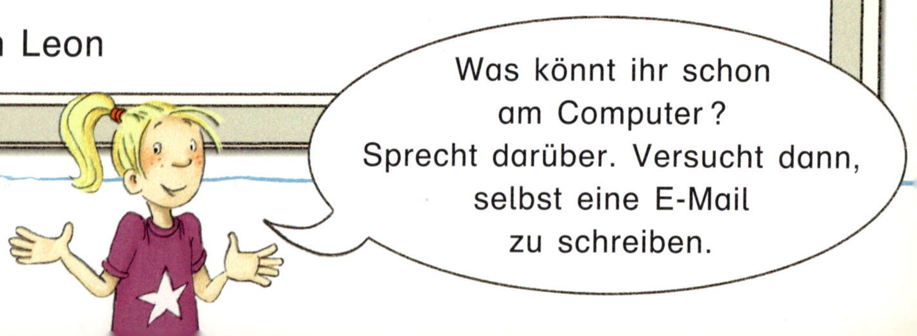

Ich liebe Bücher

Welches Buch
gehört zu welchem Kapitel?
Ein Buch bleibt übrig!

Qu qu

In der Bücherei 1

Leon fragt: „Geht ihr mit in die Bücherei?“
Nino ruft: „Au ja! Wir leihen uns Bücher aus!“
Paola jammert: „Ich kann doch gar nicht lesen!“
Leon meint: „Für dich ist auch etwas dabei!“

In der Bücherei staunt Nino:
„Toll! Hier gibt es Bücher über das Weltall
und über Aquarien!“
Nina quatscht dazwischen: „Und Quiz-Bücher,
Pferde-Bücher, Comics und Zeitschriften!“

Paola läuft quer durch den Raum
auf ein Regal zu. Darin stehen nur CDs.
„Das sind ja gar keine Bücher!“

Leon erklärt:
„Doch, das sind Hörbücher.“
Paola lacht: „So ein Quatsch!
Was soll das denn sein?“

- Hast du auch einen Bücherei-Ausweis?
  Beschreibe, wie du ein Buch ausleihen kannst.
- Finde heraus: Was ist ein **E-Book**? (sprich: **ie-Buck**)

In der Bücherei 2

X x

Die Kinder gehen in die bequeme Leseecke.
Dort gibt es sogar einen CD-Player.
Damit hört sich Paola eine Geschichte an.

Nino blättert in einem tollen Tier-Lexikon.
Den Text über Tiger-Haie findet er spannend.
Nina liest leise ein Märchen über eine Nixe.
Plötzlich fängt Paola an, laut zu quasseln.

Lexikon für Experten
Schreibe zu einem dieser Wörter eine Erklärung:
Lexikon – Hörbuch – CD – E-Book
Trage diesen Text dann deiner Klasse vor.

Miteinander

Aus Italien

Il Papa pese il pepe a Pisa,
Pisa pesa il pepe al Papa.

Aus Japan

赤巻紙
青巻紙
黄巻紙

Akamakigami
aomakigami
kimakigami

Eins, zwei, drei, vier, fünf.
Der Storch hat keine Strümpf.
Der Frosch hat kein Haus,
und du bist raus.

Aus der Türkei

It, iti, itti,
bit, iti, itti,
it, biti, itti.
Bit gitti, it gitti.
Itti, bitti, gitti.

S. 134 Textwerkstatt

Sommer sucht Sprosse
Haifisch sucht [Flosse]

Schild sucht Kröte
Block sucht [Flöte]

Wirbel sucht Sturm
Regen sucht [Wurm]

Luft sucht Ballon
fliegt auf und [davon]

Gerda Anger-Schmidt /
Birgit Antoni

Das Gnu
sagt zur Kuh:
»How do you do?«
Und was sagt die Kuh
zum Gnu?

„Muuuh!“

Jojo hat überall in Deutschland Freunde

Ik heev de liif!

Isch hab disch lieb!

Isch han disch lev!

Isch hann disch lieb!

I hon di lieb!

Ich hoab düsch lüb!

Der Brief

Es kommt von mir,
es geht zu dir.
Es ist kein Mensch,
es ist kein Tier.
Es ist nur dies:
ein Stück Papier.

Ein Stück Papier,
jedoch es spricht.
Es bringt von mir
dir den Bericht:
Ich hab dich lieb,
vergiss mich nicht.

Josef Guggenmos

Mein Vater

Er bindet mir die Schuhe zu,
er spielt mit mir gern blinde Kuh,
er macht mir für mein Kuscheltier
einen Hut aus Glanzpapier,
er nimmt mich in den Arm,
hab ich mir weh getan.

Regina Schwarz

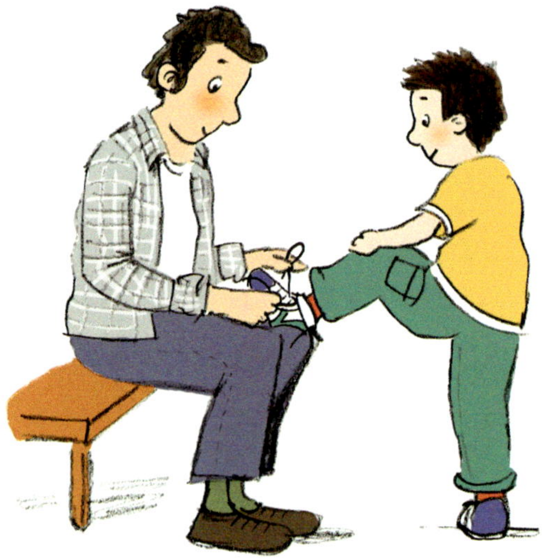

Ich und du

Nimm's leicht! Nimm mich!
Bin ein Punkt und kein Strich,
bin schön rund, gar nicht schmal,
bin ein Kugelfisch, kein Aal,
bin 'ne Hummel, kein Floh –
doch du magst mich. Gerade so.

Gerda Anger-Schmidt

S. 134 Textwerkstatt

MUSIK

HELFEN

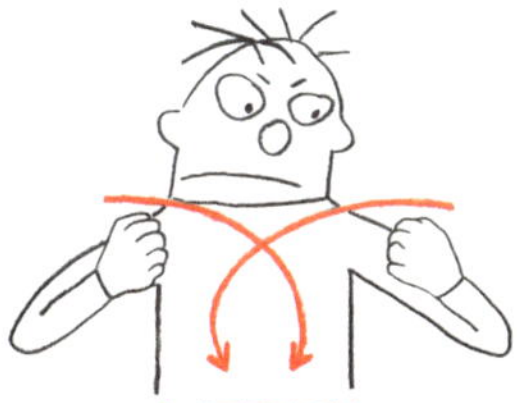
ANZIEHEN

FERNSEHEN

Planet Willi – Willi lernt

Willi lernt viele Dinge, aber langsamer als die normalen Erdenkinder. Das kommt daher, dass es auf Willis Planeten nicht so schnell und hektisch zugeht wie bei uns.

Am schnellsten lernt Willi Dinge, die ihn interessieren. Die Gebärde für Fernsehen hat er sofort gelernt. Aber das Zeichen für Anziehen oder Ausziehen scheint er seit Jahren nicht zu kennen.

AFFE

Eigentlich ist es blöd, Willi beizubringen, alles so schnell zu machen wie in unserer Welt. Wir könnten ja auch mal versuchen, alles ganz in Ruhe und langsam zu tun – wie auf seinem Planeten.

Birte Müller

BUCH

SCHLAFEN

SÜSS

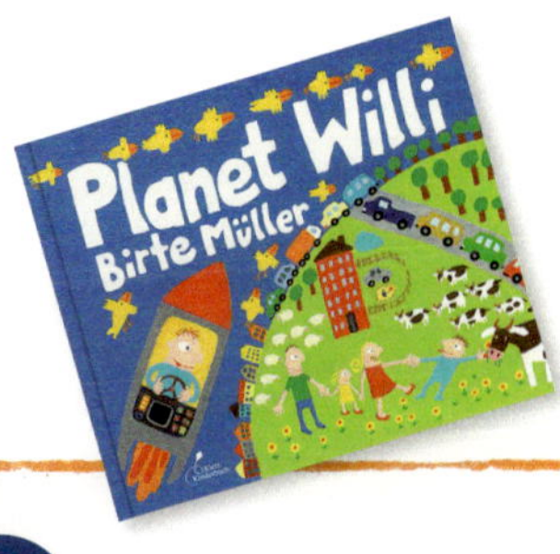

Textwerkstatt S. 134

Herbstwind

Die Vogelscheuche

Die Vogelscheuche ist beliebt,
weil es dort viel zu fressen gibt.
Die Vögel wissen das sehr gut,
doch braucht man dafür etwas Mut.

Helme Heine

Herbst-ELFchen

bunt
mein Drachen
schaukelt im Wind
ich lasse ihn
zappeln
Herbst

Herbstwind

Erst spielt der Wind nur Fußball
mit Vaters bestem Hut,
dann schüttelt er die Bäume,
die Blätter riechen gut,
und lässt die Drachen leben,
und wringt die Wolken aus.
Der Herbstwind lässt uns beben,
wir gehen nicht nach Haus.

Günter Ullmann

S. 134 Textwerkstatt

Ein armer Mann, ein armer Mann

Text: Rolf Krenzer
Musik: Peter Janssens

2. Ihm ist so kalt. Er friert so sehr.
Wo kriegt er etwas Warmes her?
Er hört kein gutes Wort,
und jeder schickt ihn fort.

3. Da kommt daher ein Reitersmann,
der hält sogleich sein Pferd an.
Er sieht den Mann im Schnee
und fragt: „Was tut dir weh?“

4. Er teilt den Mantel und das Brot
und hilft dem Mann in seiner Not.
Er hilft so gut er kann,
Sankt Martin heißt der Mann.

5. Zum Martinstag steckt jedermann
leuchtende Laternen an.
Vergiss den anderen nicht,
drum brennt das kleine Licht.

Tieren auf der Spur

Stehen zwei Kühe auf der Weide.
Sagt die eine Kuh: „Muh!“
Sagt die andere Kuh:
„Das wollte ich auch gerade sagen!“

Treffen sich zwei Hunde auf der Straße.
Sagt der eine:
„Hallo, ich heiße **BELLO VOM BELLHOF**.
Hast du auch so einen vornehmen Namen?“
Sagt der andere:
„Klar, ich heiße **RUNTER VOM SOFA**!“

Klein, kleiner, am kleinsten

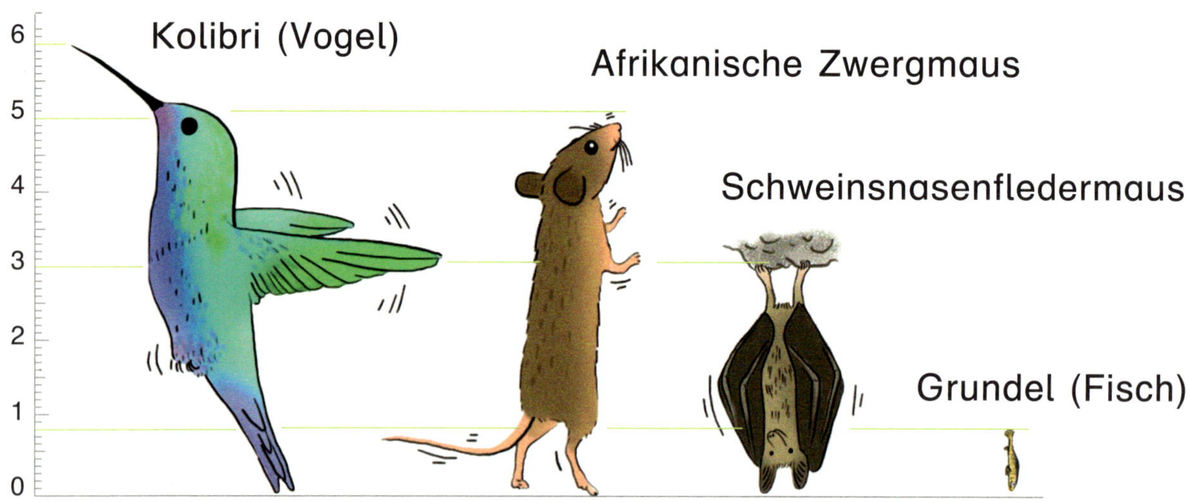

Aus einem Tierlexikon

Delfine

Aussehen – Arten

- ungefähr 40 verschiedene Arten
- Länge: 1,5 bis 4 m (selten bis zu 8 m)
- lange Schnauze (schnabelähnlich)
- am Kopf ein Blasloch, durch das sie atmen

Lebensraum

- alle Meere dieser Welt
- an Küsten und im offenen Meer

Nahrung

- vor allem Fische und Tintenfische (Jagd in Gruppen)

Besondere Fähigkeiten

- sehr gutes Gehör – „sprechen" miteinander (Pfeifen, Knattern, Klickgeräusche)
- tauchen bis zu 300 m tief und 15 Minuten lang
- sehr schnelle Schwimmer und Sprungakrobaten
- kümmern sich gemeinsam um kranke Tiere

Haie

Haie leben in allen Meeren, manche sogar in Flüssen oder Seen.

Es gibt ungefähr 500 verschiedene Arten von Haien. Katzenhaie sind die kleinsten. Der Walhai wird bis zu 14 m lang.

Haie haben eine große Rückenflosse und eine große Schwanzflosse. In ihrem Maul gibt es mehrere Zahnreihen, die immer wieder nachwachsen.

Haie fressen Fische, Tintenfische und Robben. Haie können sehr schnell schwimmen und Hindernissen ausweichen.

Textwerkstatt S. 135

Fantasie-Gestalten

Mars-Dino Dodo kennt
seinen Planeten ganz genau.
Er denkt: „Immer dasselbe!“

Plötzlich fällt eine Feder
aus seinem Flügel.
Das bringt Dino Dodo
auf eine tolle Idee.
Er frisst noch schnell
ein paar Datteln, dann …

Ein Rätsel für Rabauken

Ich trage einen schlappen Hut
und bin sehr stolz auf meinen Mut.
Mein Bart ist ganz besonders struppig
und mein Geschrei schon ziemlich ruppig.

Im Gürtel trag ich sieben Messer,
und was ich will, gibst du mir besser!
Sicher hat mich keiner lieb,
denn ich bin ein böser Dieb.

Ich reime mich auf Bärenrotz.
Mein Name, der ist ______ ???

Hotzenplotz

S. 135 Textwerkstatt

Der letzte Drache

Ritter Kunibert lebt allein auf seiner kalten Burg. Niemand besucht ihn. Er überlegt: „Ich muss berühmt werden, dann bekomme ich Besuch. Ich muss gegen einen Drachen kämpfen!“ Also macht er sich auf den Weg.

Plötzlich entdeckt er eine dunkle Höhle. Davor steht ein Schild: Hier wohnt der letzte Drache! Kunibert ruft: „Zeig dich, du schreckliches Biest!“

Ganz hinten in der Höhle sitzt der Drache. Doch der ist ziemlich klein, schrumpelig und zahnlos. „Du bist kein Drache, du bist ein Wurm!“, spottet Kunibert. Kunibert ist enttäuscht. Mit so einem Winzling kann man nicht kämpfen! „Ich gehe wohl besser wieder auf meine Burg“, sagt er betrübt.

„Du hast eine Burg?“, fragt der Drache neugierig. „Nimm mich doch mit!“ Aber Kunibert sagt: „Was soll ich mit dir anfangen?“

Der Drache zählt auf: „Ich kann dir ein Kaminfeuer anzünden. Ich kann auch Spiegeleier braten. Und ich kann ...!“

Markus Grolik

Textwerkstatt S. 135

Vier Lichter

Ein Licht sagt uns:
„So wartet doch!“
Das zweite sagt:
„Es dauert noch!“

Das dritte flüstert:
„Nicht mehr lang!
Ich hör schon
leise den Gesang.“

Das vierte sagt: „Es ist so weit!
Denn nun ist endlich Weihnachtszeit!“

Gabriele Roß

Dein Licht zum Verschenken

Du brauchst:
- Zeitungspapier zum Auslegen
- ein sauberes altes Glas
- Fertigkleister als Klebstoff
- einen dicken Borstenpinsel
  zum Bestreichen des Glases
- bunte Transparentpapier-Stücke zum Bekleben
- ein Teelicht

S. 135 Textwerkstatt

Wie die Menschen feiern

Nina und Nino erzählen

Im Dezember feiern wir das Weihnachtsfest.
Damit erinnern die Christen an die Geburt Jesu.
Wir schmücken einen Weihnachtsbaum.
Dann singen wir Weihnachtslieder.
Wir beschenken uns und essen Süßigkeiten.

Ali erzählt

In der Türkei feiern wir nicht Weihnachten,
weil die meisten Türken keine Christen sind.
Wir sind Muslime. Unsere Religion heißt Islam.
Einmal im Jahr feiern wir das Zuckerfest.
Wir beten, essen Süßes und beschenken uns.
Das Zuckerfest findet jedes Jahr
an einem anderen Tag statt.

Noa erzählt

Ich komme aus Israel.
Meine Religion ist das Judentum.
Wir Juden feiern im Dezember das Lichterfest.
Wir haben einen Leuchter mit neun Armen.
Die Kerze in der Mitte wird zuerst angezündet.
Dazu zünden wir jeden Tag eine weitere Kerze an.
Wir singen Gebete, essen leckere Sachen
und beschenken uns.

Textwerkstatt S. 135

Zeit vergeht

Lebenszeit Halbzeit
Winterzeit Schlafenszeit
Ferienzeit
Tageszeit Pausenzeit
Wartezeit Schulzeit
Freizeit Zeitlupe

Zeitgefühl

Opa sagt zu Nino:
„Wenn ich dich ansehe, merke ich,
wie schnell die Zeit vergeht:
Gerade warst du noch ein Baby.
Plötzlich konntest du krabbeln.
Und nun bist du schon fast so groß wie ich.“

Nino meint: „Komisch, Opa, du siehst genauso aus wie immer.“

S. 135 Textwerkstatt

Nina erzählt: So schnell kann ein Tag vergehen

Am frühen Morgen

Um halb sieben klingelt morgens der Wecker.
Ich muss mich waschen und mir die Zähne putzen.
Ich muss mich anziehen.
Ich möchte in Ruhe mit Mama und Leon frühstücken.

Am Vormittag

In der Schule lernen wir viel Neues.
Mit der Fibel üben wir das Lesen.
In Mathe rechnen wir neue Aufgaben.
Sport macht mir besonders viel Spaß!

Mittags und am Nachmittag

???

Am Abend

Nach dem Abendessen packe ich meine Schultasche.
Dann spiele ich gerne mit Mama und Leon.
Oder ich schaue mir eine Sendung im Fernsehen an.
Manchmal liest Mama mir auch im Bett etwas vor.
Aber nur, wenn ich mir vorher die Zähne geputzt habe!

Mein schönster Tag

An meinem schönsten Tag würde ich

morgens	vormittags	nachmittags	abends

Das bin ich

Hände waschen, Zähne schrubben
und den warmen Bauch –
in der Wanne auch.
Beine duschen, Zehen seifen,
und den runden Po –
sowieso!
Ab ins Handtuch!

Wunder des Alltags

Manchmal, da habe ich eine Angst.
Manchmal, da habe ich einen Zorn.
Manchmal, da habe ich eine Wut.

Manchmal, da habe ich keine Freude.
Manchmal, da habe ich kein Vertrauen.
Manchmal, da habe ich keinen Mut.

Aber manchmal,
da kommt plötzlich jemand
und fragt mich:
„Komm du, geht's dir nicht gut?“

Hans Manz

S. 136 Textwerkstatt

DAS BIN ICH BIN ICH BIN ICH

Name:	Nina Sophie Bender
Geburtstag:	19. Juni (vor sechseinhalb Jahren)
Haare:	lang und blond
Augenfarbe:	blau-grau
Hobbys:	Bilder malen, mit Jojo spielen, singen, Bücher lesen, Papa besuchen
Lieblingsessen:	Erdbeermarmeladenbrötchen
Traumberuf:	Reporterin
Größter Wunsch:	Frieden auf der Welt

Name:	Ich heiße Antonio Rossi. (Spitzname: Nino)
Geburtstag:	Ich bin am 22. Februar geboren.
Aussehen:	Ich bin 1,24 Meter groß. Meine Augen sind braun. Ich habe glatte schwarze Haare.
Hobbys:	Am liebsten filme ich mit Opas Kamera. Bei schönem Wetter fahre ich gerne Fahrrad.
Das mag ich:	Ich mag Tierbücher, Comics, Pizza mit Salami, Schokoladeneis, Polli, mit Nina spielen, meine Familie und natürlich Urlaub in Italien.
Das mag ich nicht:	Ich gehe gar nicht gerne zum Zahnarzt. Vor großen Hunden hab ich Angst. Ich finde es doof, wenn Leute ihren Müll einfach in die Natur werfen.

Textwerkstatt S. 136

Freizeit

In deiner Freizeit kannst du tausend verschiedene Sachen machen.

Überall findest du etwas zum Lesen:
Bücher – Comics – ???

Es macht natürlich auch viel Spaß, sich zu bewegen. Du kannst:
Fußball spielen – schwimmen – tanzen – Fahrrad fahren – ???

Du kannst auch drinnen zusammen mit anderen viele tolle Spiele spielen:
Kartenspiele – Ratespiele – ???

Oder du kannst etwas basteln oder ???

Kinderspiele aus anderen Ländern

*Panama liegt in Mittelamerika.
Es grenzt an zwei große Ozeane.

Zieh den Stuhl an – aus Panama*

Die Kinder sitzen im Kreis um zwei Stühle herum.
Jedes Kind legt einen Schuh in die Mitte.
Zwei Kinder bekommen die Augen verbunden.
Bei „Los!“ versuchen sie, vier Schuhe zu finden
und sie den Stuhlbeinen anzuziehen.
Dann noch schnell auf den Stuhl setzen!
Gewonnen!

Pusteball – von den Philippinen*

*Die Philippinen sind
eine Inselgruppe im Pazifischen Ozean.
Sie besteht aus vielen Tausend Inseln!

Kaipsak – ein Spiel aus Grönland*

*Grönland liegt
fast am Nordpol!

Setzt euch in einen Kreis auf einen glatten Boden.
Legt eine leere Flasche in die Mitte.
Ein Kind geht in die Mitte und dreht die Flasche.
Dann rennt es aus dem Kreis heraus und
einmal ganz schnell außen um euch herum.
Wer schafft es, bevor die Flasche aufhört, sich zu drehen?

Textwerkstatt S. 136

Frühlingsduft

Wir freun uns, dass die Sonne lacht,
die Krokusse sind aufgewacht!
Die Tulpe, die will auch was tun
und nicht mehr in der Zwiebel ruhn.
Dann leuchten bald schon die Narzissen.
Du wirst es sicher längst schon wissen:
Der Frühling ist da! – Hurra!

Es geht ganz schnell.
Er sieht ihr Fell.
Das Herz des Hasen
fängt an zu rasen.

Frantz Wittkamp

Ein Brauch: Das Klappern und Ratschen

Nach einer alten Legende fliegen alle Kirchturmglocken am Donnerstag vor Ostern nach Rom, um sich auszuruhen*.
Deshalb rufen dann Kinder die Leute zur Kirche.
Sie laufen mit Holzklappern und Ratschen durch die Straßen.
Damit machen sie Krach.
Dazu sagen sie Verse auf. Das klingt in jedem Dialekt anders.

Zur Belohnung bekommen die Kinder Ostereier, Süßigkeiten oder manchmal auch Geld geschenkt.

*Manche begründen das auch anders!

S. 136 Textwerkstatt

Ostereier-Leporello

Du brauchst:

- einen Streifen weißes Papier (25 bis 40 cm lang)
- eine Schere, Klebstoff, bunte Filzstifte
- wenn du magst: Schmuckband, kleine Klebebildchen, Lackmalstifte

1. Falte den Papierstreifen an einem Ende etwa 5 cm um.

2. Falte dann den ganzen Streifen 4- bis 7-mal im Zickzack.

3. Male nun eine Eierform auf. Schneide sie nur an den hier rot markierten Stellen aus.

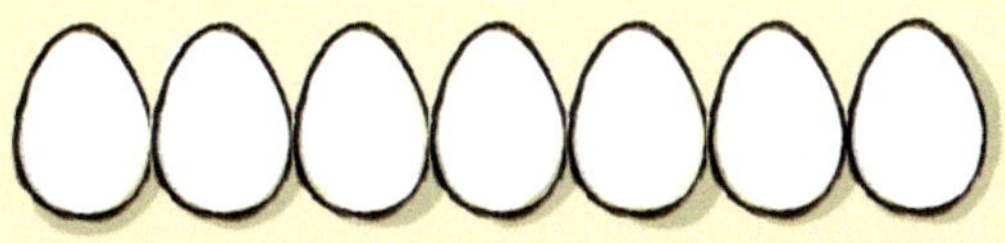

4. Nun kannst du das Eier-Leporello auseinanderfalten. Bemale und beklebe es nach Lust und Laune.

Zum Muttertag,
zum Mutterlag,
sag ich dir, dass ich dich mag,
sag ich dir, dass ich dich
brauch.
Und den Papa auch!

Georg Bydlinski

Textwerkstatt S. 136

Bühne frei!

Pantomime

Theater kann man auch ganz ohne Worte spielen.
Jemand, der so Theater spielt, heißt Pantomime.
Ein Pantomime erzählt nur mit seinem Gesicht und mit seinem Körper ganze Geschichten.
Oben siehst du den Pantomimen „Herr Kasimir“.
Was er uns wohl erzählen will?

So stellst du Gefühle mit deinem Körper dar

Beschreibe: Welches Bild passt zu welchem Gefühl?

A So sieht jemand aus, der traurig ist.

B Diese Körperhaltung hat man oft, wenn man sich freut.

C Diese Figur sieht wütend und aggressiv aus.

D So sieht man aus, wenn man über etwas nachdenkt.

E ???

S. 136 Textwerkstatt

Detektivin Buon Naso löst ihren ersten Fall

Einer alten Dame wurde auf einem Dorffest ein Buch gestohlen.
Um 20:37 Uhr trifft Detektivin Buon Naso ein. Sie befragt nun die Gäste:
„Ich werde herausfinden, wer dieses rote Buch gestohlen hat! Wo waren Sie alle um 17:23 Uhr?“

Das Sams kichert albern herum und sagt:
„Ich kann noch gar nicht lesen. Deshalb klaue ich keine Bücher.“
Alle anderen pfeifen und rufen:
„Du hast mit der Dame getanzt!“

Pippi grinst frech und meint:
„Ich habe gerade zehn Kilo Torte verspeist. Da klaue ich doch kein Märchenbuch!“
Die anderen fragen Pippi:
„Bist du deshalb so blass?“

Der kleine Vampir krächzt:
„Um diese Uhrzeit war es doch noch hell. Ich arbeite nur nachts!“
Alle anderen schreien wütend:
„Wer Blut mag, muss böse sein!“

Räuber Hotzenplotz sagt zuletzt aus:
„Gestern habe ich erst eine Kaffeemühle geklaut. Heute ist mein freier Tag.“

Bevor die anderen etwas rufen können, brüllt Detektivin Buon Naso:
„Ruhe jetzt! Ich habe den Fall schon gelöst!“
Die anderen staunen mit offenen Mündern:
„Wie hast du das denn geschafft?“

LÖSUNG:
NUR DER DIEB KANN WISSEN, DASS ES EIN MÄRCHENBUCH IST.

Textwerkstatt S. 137

Es wächst und grünt

Diese bunte Wiese
hat der Maler
Gustav Klimt gemalt.
Das ist schon
etwa hundert Jahre her.

Auf Gustav Klimts Wiese stehen viele bunte Blumen.
Wo hast du schon einmal eine schöne Wiese erlebt?

Auf manchen Wiesen kannst du
viele Wiesenblumen finden.
Einige Namen kennst du sicher.

Oder möchtest du dir selbst
lustige Namen ausdenken?
Die Wörter links helfen dir.

Wer findet den lustigsten Namen?
Wer findet die meisten Namen?
Wie sehen diese Blumen aus?

Wälder und Wiesen

Wälder und Wiesen sind für Tiere und Menschen lebenswichtig.
Deshalb müssen wir sie gut schützen!

Der Wald

Der Wald ist besonders wichtig für unser Klima. Er gibt ...

- Sauerstoff ab, den Tiere und Menschen zum Atmen brauchen.
- Feuchtigkeit an die Luft ab, die die Pflanzen und der Boden brauchen.
- vielen Tieren Lebensraum.

Die Wiese

In der Wiese leben Tiere und Pflanzen zusammen wie in einer großen Familie. Die Wiese bietet ...

- kleinen Tieren Schutz im Gras.
- Futter für Bienen und andere Insekten.
- Platz zum Brüten für Vögel.

Textwerkstatt S. 137

Schülerzeitung

★ Ausgabe 6

Inhalt

Fest der Kontinente am 28. Mai

Endlich ist es so weit!
Wir feiern unser Fest der Kontinente!
Und das steht auf dem Programm:

Aula: Köstliches Essen aus Europa
Schulhof: Lustige Spiele aus Australien
Bühne: Bunte Tänze aus Afrika und Asien
Lesezelt: Alte Märchen aus Amerika

Forscher-Team GS-Imsdorf siegt!

Das Team unserer Klasse 4b hat den Forscher-Wettbewerb des Landes gewonnen. Stolz präsentieren die Kinder hier ihre Sieger-Urkunde.

Die Ideen des Teams haben die strenge Jury überzeugt.
Thema des Wettbewerbs: „Weniger Plastik-Müll in der Schule!"
Alle tollen Ideen des Teams findet ihr auf: ▸ Seite 3

Vermischtes

Lehrerversprecher des Monats

„Ich finde, mit den besseren Haaren siehst du kürzer aus!"

Mach mit!

Schulhofgestaltung

+++ Helfer gesucht +++
Bitte bei Lena Koch, Klasse 3a, melden!

Kino-Tipp

Kater Kunibert

S. 137 Textwerkstatt

Theo und die Sandmann-Show

Theo hat Besuch von Nils und Henry. Die drei Freunde planen einen Besuch im Filmpark.

Das ist ein Gelände mit vielen tollen Sachen, die man sonst nur im Fernsehn sieht.

Theo freut sich besonders auf das Sandmännchenhaus. „Pah!“, ruft Henry. „Ich freu mich auf die Stuntmän-Show! Die wird krass.“ „Stuntmän-Show?“, fragt Theo. „Was ist das denn?“ „Lustig!“, ruft Nils. „Kennt den Sandmän, aber keinen Stuntmän!“

„Ich erklär’s dir, Theo“, sagt Henry. „Also: Wenn der Sandmann mit einem Superflitzer in einen brennenden Reifenstapel rasen würde, dann wär er ein Stuntmann! Kawumm!

Der Sandmann überschlägt sich fünfmal, und sein Spitzbart fängt Feuer!

Und doch krümmt sich der Sandmann-Stuntmann am Ende kein Härchen.“

„Es heißt Stuntmän“, verbessert Nils. „Nicht Stuntmann.“ Henry winkt ab. „Ist doch egal. Hauptsache, es rappelt im Karton!“ „Was denn sonst“, sagt Theo.

Am Nachmittag machen Henry, Nils und Theo ihren Lieblingsspielplatz zur Stuntmän-Arena. Sie springen gewagt von der Schaukel.

Akrobatisch hechten sie in den Sand und tun sich dabei fast nicht weh.

Schon ruft Theos Mama Anna zum Abendessen. „Wollt ihr vorher Sandmännchen gucken?“, fragt sie. „Wie bitte?“, Henry runzelt die Stirn. „Hä?“, macht Nils. „Also wirklich, Mama“, sagt Theo. …

Wenig später ertönt das Sandmannlied.

Martin Klein

Sommerhitze

Urlaubstagebücher

Istanbul, 04. August

Wir sind in der Türkei.
Gestern haben wir
ein Trachtenfest besucht.
Die Mädchen trugen
ganz tollen Kopfschmuck!

Ob es
so etwas auch
in Deutschland
gibt?

Anita

Insel Föhr, 19. Juli

Das ist die
Insel Föhr.
Sie liegt in der Nordsee.
Manche Leute hier
sprechen einen
friesischen Dialekt.

Sie zählen etwa so:
iin, tau, trii, fjour, fiiw,
sääks, sööwen, aacht,
njügen, tjiin.
Das klingt lustig!

Simon

Imsdorf, 26. August

Gestern war ich bei Nino zum Abendbrot
im Garten eingeladen. Das war wie ein Fest:
Kinder, Eltern, Opa, Freunde, Polli, … –
alle saßen an einem riesigen Tisch.
Nino meinte:
„So sitzt man in Italien oft zusammen.
Sogar die Babys „feiern" mit – bis spät in die Nacht!"

Dann haben wir gegrillt.
„Grillen" heißt auf Italienisch „fare la griglia" oder „barbecue".
In Amerika heißt das immer „barbecue".

Toni

S. 137 Textwerkstatt

Das beste Fundstück

Bens Eltern fuhren jedes Jahr ans Meer. Mal in den Süden, mal in den Norden – aber ans Meer fuhren sie immer. „Gut“, dachte Ben, dann werd ich eben Meeresforscher.“

Und er fing an, sich von jedem Meer ein Marmeladenglas Sand mitzubringen, und Schneckenhäuser und jede Menge Fundstücke. Ganz besondere Fundsachen bewahrte er in einem Schuhkarton auf.

Krebsscheren lagen darin und ein Foto, auf dem nicht viel zu sehen war. „Was soll denn das Foto?“, fragte jeder, dem Ben seine Schätze zeigte. „Das ist zur Erinnerung“, antwortete Ben dann. „An das Beste, was ich je gefunden hab.“

An einem Strand in Sardinien hatte er sie entdeckt. Die schönsten Schneckenhäuser, die er je gesehen hatte. Hastig schraubte er das Marmeladenglas auf, das er immer dabei hatte, und pflückte ein Haus nach dem anderen vom Fels.

Dann kletterte er auf einen Granitbrocken, um seine Schätze zu betrachten. Vor Schreck wäre ihm fast das Glas aus der Hand gefallen.

Da drin krabbelte und kroch es übereinander. Kleine schwarze Beine strampelten und versuchten, an dem glatten Glas hinaufzukriechen.

Erst traute Ben sich kaum, aber dann fischte er ein Schneckenhaus aus dem Gewimmel.

Darin steckte ein winziger Krebs. Die schwarzen Beinchen kratzten an Bens Fingern, als wollten sie sich daran festhalten. Schnell warf Ben ihn zurück ins Glas.

Dann guckte er raus aufs Meer und dachte nach.
...

Cornelia Funke

Textwerkstatt S. 137

Ich liebe Bücher

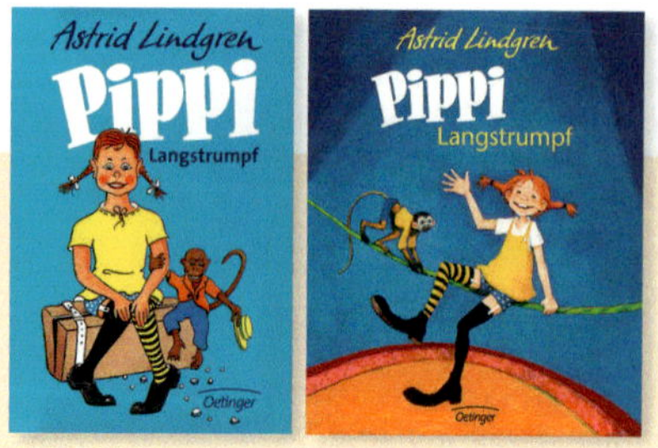

Nina und Nino besuchen heute Oma.
Oma holt ein Buch und sagt:
„Das war mein Lieblingsbuch – als Kind."

Nino staunt: „Oh, ist das Pippi Langstrumpf?
Das sieht ja ganz anders aus als mein Pippi-Buch!"
Oma lacht: „Aber die Geschichten sind die gleichen wie früher."

Pippi bekommt Besuch

In der Stadt wusste man, dass ein kleines Mädchen ganz allein in die Villa Kunterbunt eingezogen war. Eines Tages saßen Pippi, Annika und Thomas auf der Veranda der Villa Kunterbunt …

„Wie schön ist es doch zu leben", sagte Pippi und streckte ihre Beine weit von sich.

In dem Augenblick kamen zwei Polizisten in voller Uniform durch die Gartentür. „Oh", sagte Pippi, „ich muss heute wieder einen Glückstag haben. Polizisten sind das Beste, was ich kenne – gleich nach Rhabarbergrütze."

Sie ging den Polizisten entgegen und strahlte vor Entzücken über das ganze Gesicht.

„Bist du das Mädchen, das in die Villa Kunterbunt eingezogen ist?“, fragte einer der Polizisten.

„Im Gegenteil“, sagte Pippi. „Ich bin eine ganz kleine Tante, die in der dritten Etage am anderen Ende der Stadt wohnt.“

Pippi sagte das nur, weil sie einen Spaß machen wollte. Aber die Polizisten fanden das durchaus nicht lustig. Sie sagten, Pippi solle nicht versuchen, Witze zu machen.

Und dann erzählten sie, gute Menschen in der Stadt hätten dafür gesorgt, dass Pippi einen Platz in einem Kinderheim bekäme.

„Ich hab schon einen Platz in einem Kinderheim“, sagte Pippi. „Was sagst du, ist das schon geregelt?“, fragte der eine Polizist. „Wo ist das Kinderheim?“

„Hier“, sagte Pippi stolz. „Ich bin ein Kind, und das hier ist mein Heim, also ist es ein Kinderheim. Und Platz habe ich hier. Reichlich Platz.“

Astrid Lindgren

Textwerkstatt S. 137

Seite 104 Miteinander

Lies Ninos Zungenbrecher. Lies ihn immer schneller.
Auf Deutsch heißt das:

Der Papst wiegt den Pfeffer in Pisa.
Pisa wiegt den Pfeffer für den Papst.

Vergleiche die deutschen mit den italienischen Wörtern.
Was fällt dir auf? Tausche dich mit anderen darüber aus.

Kennst du andere Zungenbrecher? Lerne einen auswendig.

Seite 105 Das Gnu

- Was ist ein Gnu?
- Welche Sprache spricht das Gnu?
- Was heißt „How do you do?“ auf Deutsch, auf Türkisch, ...?

Jojo hat überall in Deutschland Freunde

In Deutschland spricht man viele verschiedene Dialekte.
Versuche zu lesen, was Jojos Freunde zu ihm sagen.
Was bedeutet es? – Wie klingt es, wenn du diesen Satz sprichst?

Seite 106 Mein Vater

Überlege dir verschiedene Sätze zu dem Gedicht:

- Wie könnte Nino seinen Vater um Hilfe bitten?
- Wie könnte Nino sich bei seinem Vater bedanken?

Seite 107 Planet Willi – Willi lernt

Versuche Willis Gebärden nachzumachen. Denke dir weitere aus:

- Mach doch mal langsamer!
- Das verstehe ich. / Das verstehe ich nicht.
- ...

Seite 108 Herbst-ELFchen

Schreibe selbst ein ELFchen:

1. Zeile:	ein	Wort
2. Zeile:	zwei	Wörter
3. Zeile:	drei	Wörter
4. Zeile:	vier	Wörter
5. Zeile:	ein	Wort

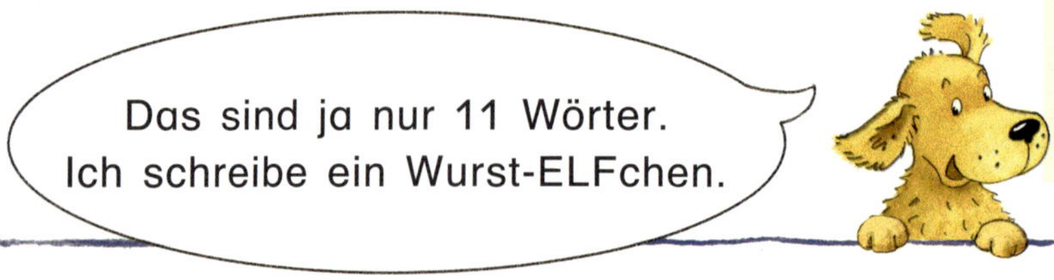

Seite **111** **Aus einem Tierlexikon**

Welches ist dein Lieblingstier? Sammle Informationen über dieses Tier:
in einem Tierlexikon, in einem Sachbuch oder auch zusammen mit einem Erwachsenen im Internet.

Seite **112** **Fantasie-Gestalten**

Lies den Text zu Mars-Dino Dodo mit einem Partnerkind.
Schaut euch dann das Bild genau an.
Überlegt und erzählt: Wie könnte die Geschichte weitergehen?

Seite **113** **Der letzte Drache**

Du kennst viele Wörter. Welche verstehst du noch nicht?
Besprich diese mit einem Partnerkind. Überlegt dann gemeinsam:
Was könnte der kleine Drache auf Kuniberts Burg noch tun?

Seite **114** **Vier Lichter**

Lerne das Gedicht auswendig. Setze dir ein Ziel:
„Morgen möchte ich das Gedicht jemandem vortragen.“
Welche Betonung passt am besten?

Seite **115** **Wie die Menschen feiern**

Die Kinder erzählen von verschiedenen Festen.
Wähle ein Fest aus. Finde heraus, warum es gefeiert wird.

Seite **116** **Zeitgefühl**

Wann vergeht die Zeit für dich besonders schnell?
Wann vergeht die Zeit für dich besonders langsam?

Die Zeit vergeht schnell,	Die Zeit vergeht langsam,
wenn ich ...	wenn ich ...

Lies deine Aussagen einem Partnerkind vor:
Vergleicht eure Aussagen und begründet sie.

Die Zeit vergeht schnell, wenn ich mit Nina draußen spielen darf.

Seite **118** **Wunder des Alltags**

Mit Instrumenten könnt ihr Geräusche zu Gefühlen machen.
Probiert gemeinsam und wählt aus:

- Mit welchen Instrumenten könnt ihr Wut, Freude oder Traurigkeit ausdrücken?
- Versucht dabei auch, die Instrumente mal lauter und leiser, mal schneller und langsamer zu spielen.

Seite **119** **DAS BIN ICH BIN ICH BIN ICH**

Wähle: **1.** Schreibe einen Steckbrief über dich.
2. Male ein Bild von dir. Schreibe dazu, was du an dir magst.
3. Schreibe auf, was du dir am meisten wünschst.

Seite **121** **Kinderspiele aus anderen Ländern**

Was ist dein Lieblingsspiel?
Beschreibe in der Klasse, wie es gespielt wird.
Überlege vorher:

- Wie viele Kinder können mitspielen?
- Spielt man es draußen oder drinnen?
- Was braucht man für dieses Spiel?

Seite **122** **Der Brauch „Klappern und Ratschen“**

Finde heraus, welche Osterbräuche es noch gibt.
Stelle der Klasse vor, was du herausgefunden hast.

Seite **123** **Zum Muttertag**

Schreibe das Gedicht in deiner schönsten Schrift ab. Kontrolliere.
Danach kannst du das Blatt schön bemalen oder bekleben.

Seite **124** **Pantomime**

Versuche selbst einmal, Theater ohne Worte zu spielen:

- Du isst ein großes Eis. Danach hast du Bauchweh.
- Du gehst mit deinem Hund Gassi. Er zerrt an der Leine.

Du kannst dir auch etwas anderes ausdenken und vorspielen.
Lass die anderen raten, was du gespielt hast.

Seite 125 Detektivin Buon Naso löst ihren ersten Fall

Denkt euch noch andere Gäste auf dem Dorffest aus.
Was könnten sie Detektivin Buon Naso erzählen?
Spielt dann diesen Text als Rollenspiel.
Überlegt gemeinsam, woran ihr vorher denken müsst.

- „Buon Naso“ ist ein italienischer Name.
  Findet heraus, was er auf Deutsch bedeutet.

Seite 127 Wälder und Wiesen

Du kennst viele Wörter. Welche verstehst du noch nicht?
Besprich unbekannte Wörter mit einem Partnerkind.

- Wie können wir die Natur schützen?
  Sammelt gemeinsam Informationen. Gestaltet ein Plakat dazu.

Seite 128 Schülerzeitung der Grundschule Imsdorf

Wähle: 1. Welcher Artikel gefällt dir am besten? Begründe.
2. Überlege mit einem Partnerkind:
Worüber sollte eine Zeitung noch berichten?

Seite 129 Theo und die Sandmann-Show

Du kennst viele Wörter. Welche verstehst du noch nicht?
Suche dir eins davon aus. Finde heraus, was es bedeutet.
Erkläre es dann mit eigenen Worten einem anderen Kind.

Seite 130 Urlaubstagebücher

Lies die Zahlen aus Simons Tagebuch. Was fällt dir auf?
Kennst du Zahlwörter von eins bis zehn in anderen Sprachen?

- Vergleiche: Was ist ähnlich? Was ist ganz anders?

Seite 131 Das beste Fundstück

Tauscht euch in der Gruppe aus:
Worüber hat Ben wohl nachgedacht?

Seite 132 133 Pippi bekommt Besuch

Welche Stelle gefällt dir am besten? Begründe.

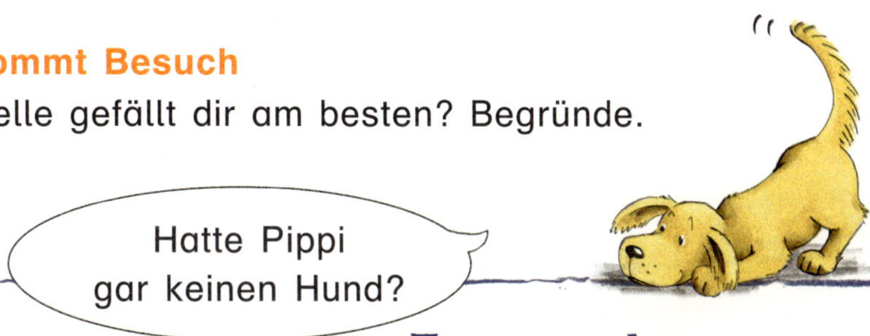

Wörterliste

A a

aber
acht
alle
alt, **älter**
die **Ampel**
antworten
der **Apfel**
arbeiten
der **Arm**
der **Ast**
auch
das **Auge**
das **Auto**

B b

das **Baby**
bald
der **Ball**
die **Bank**
der **Baum**
das **Bein**
bezahlen
die **Biene**
das **Bild**
bitten
das **Blatt**
blau
bleiben
er **bleibt**
die **Blume**
die **Blüte**
böse
brauchen
braun
der **Brief**
bringen
das **Brot**
der **Bruder**
das **Buch**
bunt

C c

der **Cent**
der **Clown**
der **Computer**

D d

danken
dann
das
denken
dich
dick
die
dir
diese, **dieser**
doch
die **Dose**
drei
dunkel
durch
dürfen
sie **darf**

E e

das **Ei**
das **Eis**
eine, **einer**
eins
elf
die **Eltern**
das **Ende**
endlich
eng
die **Ente**
die **Erde**
der **Esel**
essen
er isst
die **Eule**
der **Euro**

F f

fahren
sie **fährt**
die **Familie**
der **Fehler**
fein
das **Fenster**
finden
der **Finger**
der **Fisch**
fliegen
er **fliegt**
fragen
er **fragt**
die **Frau**

alle
Ball
bitten

das Auge
die Biene
die Blume

aber
älter
Bruder

sich **freuen**
• der **Freund**
• die **Freundin**
frisch
• der **Frühling**
• der **Fuchs**
fünf
für
• der **Fuß**

G g 

• die **Gabel**
• der **Garten**
geben
sie **gibt**
gegen
gehen
gelb
• das **Geld**
• das **Gemüse**
• das **Gesicht**
gestern
gesund
• das **Glück**
• das **Gras**
groß
grün
gut

H h 

• das **Haar**
haben
er **hat**
• die **Hand**
• der **Hase**
• das **Haus**
• die **Haut**
heiß
heißen
helfen
er **hilft**
hell
• der **Herbst**
heute
• die **Hexe**
hier
• der **Himmel**
hinter
hören
• die **Hose**
• der **Hund**

I i 

ich
• der **Igel**
ihm
ihn
ihr, **ihre**
immer
• die **Insel**

J j 

ja
• das **Jahr**
• das **Jo-Jo**
• der **Junge**

K k 

kalt
• die **Katze**
kaufen
• das **Kind**
• die **Klasse**
• das **Klavier**
• das **Kleid**
klein
kochen
kommen
können
er **kann**
• der **Kopf**
krank
• die **Kuh**

L l 

lachen
laufen
sie **läuft**
laut
leben
er **lebt**
legen
sie **legt**
• die **Lehrerin**
leicht
leise
lernen
lesen
er **liest**
• die **Leute**
• das **Lexikon**
• das **Licht**

das **Bild**
der **Freund**
die **Hand**

die **Biene**
die
der **Brief**

Wörterliste

lieben
sie **liebt**
liegen
er **liegt**
links

M m

machen
• das **Mädchen**
• das **Märchen**
• der **Mai**
malen
• der **Mann**
• die **Maus**
mein, meine
mir
• der **Monat**
• der **Mund**
müssen
sie **muss**
• die **Mutter**

N n

nach
• die **Nacht**
• der **Name**
• die **Nase**
nein
neu
neun
nicht
noch
nur

O o

oben
• das **Obst**
oder
ohne
• das **Ohr**
• die **Oma**
• der **Onkel**
• der **Opa**

P p

• das **Papier**
• der **Partner**
• das **Pferd**
• die **Pflanze**
• der **Pinsel**
• das **Pony**

Qu qu

• das **Quadrat**
quaken
• der **Quatsch**
• die **Quelle**
quer

R r

• die **Raupe**
rechnen
reden
• der **Regen**
rennen
• der **Ring**
rollen
rot
rufen

S s

sagen
er **sagt**
• der **Satz**
scheinen
schenken
• die **Schere**
schlafen
schmecken
• der **Schnee**
schneiden
schnell
schon
schön
• der **Schreck**
schreiben
sie **schreibt**
• der **Schuh**
• die **Schule**
schwarz
• die **Schwester**
sechs
• der **See**

sehen
er **sieht**
sehr
die **Seife**
sein, **seine**
ich **bin**
ich **war**
sich
sie
sieben
sie **sind**
singen
sitzen
sollen
der **Sommer**
die **Sonne**
sparen
das **Spiel**
spielen
der **Sport**
sprechen
sie **spricht**
springen
stehen
stellen
der **Stein**
der **Stern**
der **Stift**
still
die **Straße**
die **Stunde**
der **Stuhl**
suchen

T t

der **Tag**
die **Tage**
die **Tante**
die **Tasche**
der **Tee**
das **Tier**
trinken
turnen

U u

üben
über
die **Uhr**
unten

V v

die **Vase**
der **Vater**
viel
vier
der **Vogel**
von
vor

W w

warm
warten
waschen
er **wäscht**
das **Wasser**
der **Weg**
die **Wege**
wie
wieder
die **Wiese**
der **Wind**
die **Winde**
der **Winter**
die **Woche**
wollen
er **will**
das **Wort**
sich **wünschen**

X x

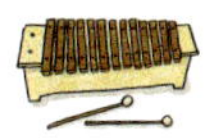

das **Xylofon**

Y y

die **Yacht**

Z z

die **Zahl**
der **Zahn**
zehn
zeigen
sie **zeigt**
die **Zeit**
zur
zwei
zwölf

M
das **Lexikon**
das **Mädchen**
das **Obst**

Inhaltsverzeichnis

Jojo-Seite
vertiefende spielerische Angebote auf unterschiedlichen Niveaustufen (nur eingeführte Buchstaben)

⇨ **auf den Kapiteleinstiegsseiten**
Hinweis darauf, den passenden Buchtitel auf Seite 101 zu suchen

101

Legende

- G: Gedicht
- Sp: Sprachspiel
- B/E: Basteln/Experimentieren
- KB: Kinderbuchauszug
- K: Kunstwerk
- L: Lied
- I: Information
- S: Spiel

Jo-Jo

Fibel

von Nicole Namour

Unter Beratung von Alexandra Mangold, Merdingen
Sandra Meeh, Öschelbronn
Anja Tiedje, Calw

Redaktion Dr. Monika Gade, Nicole Namour
Illustrationen Imke Sönnichsen, Barbara Jung
Umschlagillustration Barbara Jung
Umschlagfoto Fotolia / Orlando Bellini (Fußball)
Gesamtgestaltung Heike Börner
Layout und technische Umsetzung Lisa Neuhalfen

www.cornelsen.de

1. Auflage, 4. Druck 2019

Alle Drucke dieser Auflage sind inhaltlich unverändert
und können im Unterricht nebeneinander verwendet werden.

Druck: Mohn Media Mohndruck, Gütersloh

ISBN 978-3-06-082035-1 (Schülerbuch)
ISBN 978-3-06-081209-7 (E-Book)

PEFC
PEFC/04-31-1033

PEFC zertifiziert
Dieses Produkt stammt aus nachhaltig bewirtschafteten Wäldern und kontrollierten Quellen.

www.pefc.de

Quellenverzeichnis

Text- und Liedquellen

5 **Jandl, Ernst**: Ottos Mops (gekürzt). In: Klaus Siblewski (Hrsg.): Ernst Jandl: Poetische Werke. Luchterhand Literaturverlag, München 1979.
70 **Anger-Schmidt, Gerda**: Die Elefanten … (gekürzt). In: Der Hund ist rund – na und?. Dachs Verlag, Wien 2006.
71 **Nordqvist, Sven**: Aufruhr im Gemüsebeet (Textauszug, gekürzt und bearbeitet). Übersetzt von Angelika Kutsch. Verlag Friedrich Oetinger, Hamburg 1991.
75 **Kretschmar, Günther**: Was macht das Wetter in Lirpa. In: Ting tang tonung. Karl Heinrich Möseler Verlag, Wolfenbüttel 1984.
87 **Guggenmos, Josef**: Der Löwenzahn. In: Groß ist die Welt. Beltz & Gelberg in der Verlagsgruppe Beltz, Weinheim/Basel 2006.
88 **Waggerl, Karl Heinrich**: Die Distel. In: Heiteres Herbarium. Otto Müller Verlag, Salzburg 1986.
91 **Wittkamp, Frantz**: Irgendetwas ärgert dich. In: Alle Tage ein Gedicht. Coppenrath Verlag, Münster 2002.
97 **Herfurtner, Rudolf**: Der wasserdichte Willibald (Textauszug). Deutscher Taschenbuch Verlag, München 2002.
104 **Zotter, Gerri** (Hrsg.): Das Sprachbastelbuch (Auszug). Jugend und Volk Verlagsgesellschaft m. b. H., Wien/München 1975.
105 **Anger-Schmidt, Gerda** (Text); **Antoni, Birgit** (Illustration): Alles in Butter, liebe Mutter (gekürzt). S. Fischer Verlag GmbH: Frankfurt a. M. 2013, erschienen im Dachs Verlag, Wien 1998.
106 **Guggenmos, Josef**: Der Brief. In: Was denkt die Maus am Donnerstag? Beltz & Gelberg in der Verlagsgruppe Beltz, Weinheim /Basel 1994.
106 **Schwarz, Regina**: Mein Vater. In: Gelberg, Hans-Joachim (Hrsg.): Überall und neben dir. Beltz & Gelberg in der Verlagsgruppe Beltz, Weinheim/Basel 1994.
106 **Anger-Schmidt, Gerda**: Ich und du. In: Der Hund ist rund – na und? Dachs Verlag, Wien 2006.
107 **Müller, Birte** (Text und Illustration): Planet Willi. (Auszug – gekürzt). Klett Kinderbuch, Leipzig 2012.
108 **Heine, Helme** (Text und Illustration): Die Vogelscheuche. In: Gruß und Kuss. Middelhauve Verlag, Köln 1988.
108 **Ullmann, Günter**: Herbstwind. In: Gelberg, Hans-Joachim (Hrsg.): Überall und neben dir. Beltz & Gelberg in der Verlagsgruppe Beltz, Weinheim /Basel 1994.
109 **Krenzer, Rolf** (Text); **Janssens Peter** (Musik): Sankt Martins Lied. In: Kommt alle und seid froh, Peter Janssen Musik Verlag, Telgte 1982.
113 **Grolik, Markus** (Text und Illustration): Der letzte Drache (Auszug). In: Kleine Rittergeschichten. Verlag arsEdition. Reihe Känguru, München 2006.
114 **Roß, Gabriele**: Vier Lichter (Überschrift hinzugefügt). In: Tabaluga. Mein schönstes Weihnachtsbuch. Pattloch Verlag, Augsburg 1996.
116 **Damm, Antje** (Text und Fotos): Schildkröte/Eintagsfliege. In: Alle Zeit der Welt. Moritz Verlag, Frankfurt a. M. 2007.
118 **Manz, Hans**: Wunder des Alltags. In: Gelberg, Hans-Joachim (Hrsg.): Überall und neben dir. Beltz & Gelberg in der Verlagsgruppe Beltz, Weinheim/Basel 1994.
122 **Wittkamp, Frantz**: Am liebsten mag ich dich (Auszug). Coppenrath Verlag, Münster 2001.
123 **Wittkamp, Frantz**. Am liebsten mag ich dich (Auszug). Coppenrath Verlag, Münster 2001.
129 **Klein, Martin** (Text); **Olten, Manuela** (Illustration): Theo und die Sandmannshow (Auszug, gekürzt). Tulipan Verlag, Berlin 2010.
131 **Funke, Cornelia** (Text); **Schliehe, Karin / Bernhard, Mark** (Illustration): Das beste Fundstück (Textauszug, gekürzt und Illustrationen). In: Cornelia Funke. Strandgeschichten. Reihe: Leselöwen. Loewe Verlag GmbH, veränderte Neuausgabe 2007. 2. Auflage 2009. © Bindlach 1999.
132/133 **Lindgren, Astrid** (Text); **Engelking, Katrin** (Illustration): Pippi Langstrumpf (Auszug). Deutsche Übersetzung von Cäcilie Heinig. Verlag Friedrich Oetinger GmbH, Hamburg 2007.

Bildquellen

4,5 (+101) Antonia Michels: Max und Murks, Illustrationen: B. Gotzen-Beek, © Verlag Friedrich Oetinger, Hamburg 2013 **19/1** Fotolia/steheap (Wellen) **/2** Fotolia/mophoto (Wüste) **/3** Fotolia/bofotolux (Acker) **/4+5 (+101)** Eric Carle: Bilderbuchschatz © 2014 Gerstenberg Verlag, Hildesheim **21** Bild aus: Riha, Susanne (Text und Bild): Das kleine Eichhörnchen, © Annette Betz in der Ueberreuter Verlag GmbH, Berlin (1. Auflage 1990) **25 (+101)** © 2001, Clavis Uitgeverij Hasselt–Amsterdam–New York, illustrations by Caroline Heens from Patouf **28** Fotolia/glashaut (Turm Pisa) **33 (+101)** Antje Damm: Räuberkinder © 2012 Gerstenberg Verlag, Hildesheim **34/1** A. B. Saddlewick: Monster Mia und das große Fürchten. Illustration: Franziska Harvey, KERLE in der Verlagsgruppe Herder, Freiburg 2003 **/2** Illustration aus: Paul Maar, Das Sams wird Filmstar. © Verlag Friedrich Oetinger, Hamburg 2001 **/3** Bild aus: Antje Damm: Räuberkinder © 2012 Gerstenberg Verlag, Hildesheim **35/1** Sponge Bob © 2015 Viacom International Inc. Alle Rechte vorbehalten. Nickelodeon, Nick, SpongeBob Schwammkopf und alle dazugehörigen Titel, Logos und Charaktere sind Marken der Viacom International Inc. Hergestellt von **/2** Bob der Baumeister © 2015 SUPER RTL, RTL DISNEY Fernsehen GmbH & Co. KG, Köln **/3** Jutta Langreuter: Käpt'n Sharky. Illustration: Silvio Neuendorf. Coppenrath Verlag GmbH & Co. KG, Münster **41/1 (+101)** Tilde Michels / Reinhard Michel: Es klopft bei Wanja in der Nacht. Ellermann im Dressler Verlag, Hamburg 1985 Copyright © 1996 by Steve Johnson and Lou Fancher **/2 (+101)** Bild aus: Astrid Lindgren / Lars Klinting (Ill.): Weihnachten im Stall. Verlag Friedrich Oetinger 2003 **48/1** Mauritius Images / Alamy (Schneehase) **/2** Fotolia/Sunnydays (Schafe im Schnee) **/3** Fotolia / Micky Zappa (Eichhörnchen im Schnee) **/4** Fotolia / Jürgen Fälchle (Papa und Kind im Schlitten) **49 (+101)** Bilder aus: Arnold Lobel: Das große Buch von Frosch und Kröte. Neu erzählt von Tilde Michels. © der deutschsprachigen Ausgabe: 1995, 1996, 1998 Deutscher Taschenbuch Verlag, München **57 (+101)** Bilder aus: Dr. Seuss (Text); Steve Johnson / Lou Fancher (Ill.): Jeder Tag hat eine Farbe. cbj 1997. Copyright © 1996 by Steve Johnson and Lou Fancher **65 (+101)** Bilder aus: Heinz Janisch: Jumbojet. Søren Jessen (Ill.) Bajazzo Verlag 2009 © Søren Jessen, Risskov, Dänemark **71 (+101)** Sven Nordqvist, Aufruhr im Gemüsebeet © Verlag Friedrich Oetinger, Hamburg 1991 **73/1** Fotolia / Silvana Eckert (Krokusse) **/2** Mauritius Images/Radius Images (Tulpen) **/3** ClipDealer/svetlanna (Narzissen) **77 (+101)** Lins: Theater aus der Märchenwelt © Annette Betz in der Ueberreuther Verlag GmbH, Berlin (1. Auflage 2006) **83 (+101)** Ritter Rüstig und Ritter Rostig. Von Binette Schroeder. © 2009 Nord-Süd Verlag AG, Zürich, Schweiz **86/1** Fotolia/lochstampfer (Ochsenauge) **/2** Fotolia/scarlet61 (Käsepappel) **/3** ClipDealer / Achim Prill (Wiesenknopf) **89 (+101)** Bilder aus: Ann Droyd. Aus dem Englischen von Nadia Budde: Stecker raus und aus die Maus. Verlag Antje Kunstmann GmbH, München 2012 **96/1** Fotolia/Kenishirotie (Laptop) **/2** Fotolia/aletia2011 (3-Generationenfamilie) **/3** Fotolia/selensergen (Fernseher) **/4** Fotolia / Oleksandr Delyk (Smartphone) **97 (+101)** Rudolf Herfurtner: Der wasserdichte Willibald. Illustrationen: Oliver Wenniges. Deutscher Taschenbuch Verlag, München 2008 **100/1** Mauritius Images / Alamy / Bildarchiv Monheim (Säulen in Syrakus) **/2** © Poste Italiane (zwei italienische Briefmarken mit Stempel) **101** Paul Maar, Ute Krause (Ill.): JAguar und NEINguar. Gedichte von Paul Maar. Verlag Friedrich Oetinger, Hamburg 2007 **105** Abbildungstableau aus: Gerda Anger-Schmidt, Birgit Antoni (Illu.): Alles in Butter, liebe Mutter. © S. Fischer Verlag GmbH, Frankfurt a. M. 2013, erschienen im Dachs Verlag, Wien 1998 **107** Bilder aus: Birte Müller: Planet Willi. © 2012 by Klett Kinderbuch, Leipzig **108** Helme Heine (Text und Illustration): Die Vogelscheuche. Aus: Gruß und Kuss. Middelhauve Verlag, Köln 1988 **111/1** Mauritius Images / Gerard Lacz (Delfine) **/2** Fotolia/frantisek hojdysz (Haie) **113** Bilder aus: Markus Grolik (Text und Illustration): Der letzte Drache. Aus: Kleine Rittergeschichten. Verlag arsEdition. Reihe Känguru, München 2006. © Markus Grolik, München **114/1** Jans Geertgen tot Sint: „Die Geburt Christi", um 1485. Barcelone, Museu Diocesa akg-images **/2** Profil Fotografie Marek Lange, Berlin (Teelichter) **115/1** Laif/Karl-Heinz Raach (Weihnachtsbaum) **/2** Fotolia/mr_prof (Moschee) **/3** Mauritius Images / Alamy (Chanukkia) **116/1** Bilder aus: Antje Damm (Text und Fotos): Alle Zeit der Welt. Moritz Verlag, Frankfurt a. M. 2007 **/2** Cover: Antje Damm (Text und Fotos): Schildkröte, Eintagsfliege. Aus: Alle Zeit der Welt. Moritz Verlag, Frankfurt a. M. 2007 **120/1** Fotolia/bakharev (Papa, Tochter, Inlineskates) **/2** Fotolia / Sergiy Bykhunenko (Kinder beim Untersuchen einer Pflanze) **/3** Bridgeman/SGM (Concorde) **124** dreiteiliges Foto: Katrin Koscielny, Oberhausen/Nahe (Pantomime, Clown „Herr Kasimir") **126** Bridgeman / Christie's Images (Farmer's Garden (1905–07) von Gustav Klimt) **127/1** Fotolia/Pellinni (Wald mit Lichtung) **/2** Mauritius Images / Alamy (bunte Blumenwiese) **129** Bilder aus: Theo und die Sandmannshow. Text © by Martin Klein, Illustrationen von Manuela Olten © 2010 by Tulipan Verlag, München **130/1** picture-alliance/euroluftbild (Insel Föhr Luftaufnahme) **/2** Shutterstock/KoraysaKoraysa (Mädchen mit türkischem Trachtenkopfschmuck) **/3** Fotolia/Photographee.eu (Barbecue) **131** Cornelia Funke, Leselöwen-Strandgeschichten, Illustration: Karin Schliehe, Bernhard Mark. Veränderte Neuausgabe 2007. © 1999 Loewe Verlag GmbH, Bindlach

Mama
Leon
Oma
Nina
Jojo